한자능력 검정시험 대비

어휘력·문해력을 키워 주는

8급 한자

심경석 엮음　손성은 그림

지경사

왜 한자를 배워야 할까?

한자(漢字)는 중국의 글자입니다.
중국과 우리나라, 일본은 한자 문화권을 이루었습니다. 따라서 학문을 연구하더라도 한자를 모르면 깊이 들어가지 못하는 경우가 많습니다.
요즘 특히 중요하게 여기는 '문해력'은 글의 문장과 문맥을 이해하는 능력입니다. 문장을 정확히 파악하려면 한글과 한자어로 이루어진 낱말의 뜻을 잘 알아야 하지요. 따라서 낱말의 기본 요소이자 우리말의 많은 부분을 차지하는 '한자'를 익히는 것이 중요합니다.
한자는 한글이 만들어지기 전부터 오랫동안 사용해 왔기 때문에 우리나라 말의 70퍼센트를 이루고 있다고 합니다. 그러다 보니 공부할 때나 일상생활에서 대화할 때도 한자를 모르면 이해하기 어려운 표현들이 많습니다.
중국이 세계 경제 대국이 되면서 가까운 이웃인 우리나라와 일본은 더욱 한자를 멀리할 수 없게 되었습니다.
중국어를 잘하거나 한자 실력이 좋은 사람은 취업할 때도 유리합니다.
사단법인 한국어문회(한국 한자능력검정회)에서 '한자능력 검정시험'을 통해 급수 자격을 주는 시험 제도를 만든 것도 한자 교육을 잘하자는 뜻에서입니다. 이 자격을 가진 사람에게 입학 시험에서 가산점을 주는 대학도 있고, 입사 시험에서 가산점을 주는 기업도 있습니다.
한자능력 검정시험 공부는 급수 자격을 딸 수 있어서뿐만 아니라 학교 교육을 받는 데도 큰 도움이 되어 좋습니다.

뜻글자

한글이나 영어는 소리를 나타내는 소리글자이고 한자는 뜻을 나타내는 뜻글자입니다. 각 글자마다 뜻이 담겨 있어서 배우기 쉽습니다. 영어는 26자, 한글은 24자로 여러 가지 낱말을 만들지만 한자는 새로운 것이 생길 때마다 그 뜻으로 글자를 만들어 5만 자가 넘습니다.

훈/음	내 천	사람 인	달 월	불 화	메 산
한자	川	人	月	火	山
뜻	내	사람	달	불	메(산)

한자의 훈과 음

한자는 훈음(訓音)으로 배웁니다. 훈은 한자를 읽을 때 풀이해 놓은 뜻이고, 음은 그 글자를 읽는 소리입니다. 大(큰 대)에서 '큰(크다)'은 훈(뜻)이고 '대'는 음(소리)입니다. 또한 '人(사람 인)'에서 '사람'은 훈이고 '인'은 음입니다. 두 글자를 합친 大人의 훈은 '큰 사람'이고 '대인'이라고 읽습니다.

天 (훈) 하늘 (음) 천	馬 (훈) 말 (음) 마	牛 (훈) 소 (음) 우	雨 (훈) 비 (음) 우
하늘 천	말 마	소 우	비 우

뜻이 많은 한자

한자에는 뜻이 여러 가지인 글자가 있습니다. 少(소)는 '젊을 소'도 되고 '적을 소'도 됩니다. 사내아이(少年: 소년)를 말할 때는 '젊을 소'로 쓰이고 적은 분량(少量: 소량)을 말할 때는 '적을 소'로 쓰입니다.

음이 다른 한자

惡(악할 악)은 대부분 '악'으로 읽습니다. 하지만 '미워하다'라는 뜻으로 쓰일 때는 '오'로 읽습니다. 惡人(악인: 나쁜 사람)일 때는 '악'이지만 憎惡(증오: 몹시 미워함)일 때는 '오'로 읽습니다.

惡	人	憎	惡	降	伏	降	下
악할 **악**	사람 **인**	미워할 **증**	미워할 **오**	항복할 **항**	엎드릴 **복**	내릴 **강**	아래 **하**

한자의 획수

한자는 정확한 획수를 알아야 합니다. 한자를 공부면서 옥편(玉篇)을 찾을 때 획수를 알면 빠르고 정확하게 찾을 수 있습니다.

川(내 천)은 3획이라는 것을 바로 알 수 있습니다. 그러나 日(날 일)의 경우 5획이 아니고 4획입니다.

大	木	田	西
큰 **대**	나무 **목**	밭 **전**	서녘 **서**
一 ナ 大	一 十 オ 木	丨 冂 日 曰 田	一 兀 兀 兀 西 西
3획	4획	5획	6획

간단히 쓰는 약자

글자는 획수가 많으면 쓰는 데 시간이 오래 걸립니다. 중국·일본·우리나라에서는 한자의 일부를 생략하여 간단히 쓰는 약자를 사용하고 있습니다.

나라 **국**	배울 **학**	예도 **례**	올 **래**	보배 **보**	몸 **체**	일만 **만**
國	學	禮	來	寶	體	萬
国	学	礼	来	宝	体	万

한자의 필순(획순)

한자는 획수가 복잡한 글자입니다. 그러므로 정해진 필순에 따라 써야 합니다. 한자는 일정한 필순이 있습니다.

가로 긋고 세로 내리고	十	十 十
왼쪽에서 오른쪽으로	川	丿 川 川
위에서 아래로	氵	丶 冫 氵
중심에서 좌우로	小	丨 小 小
바깥에서 안으로	同	冂 冂 冋 同 同
가로 긋고 삐침	ナ	一 ナ
왼쪽 삐침 먼저 오른쪽 삐침 나중	父	丶 父 父 父
맨 끝에 꿰뚫는 획	中	丨 口 中 中

한자의 부수

한글을 국어 사전에서 찾을 때는 '가나다'순으로 찾습니다. 옥편에서 한자를 찾을 때는 '부수'와 '획수'로 찾습니다. 많은 한자는 부수로 분류하고 있습니다. 예를 들면, 부수 木(나무 목)이 붙은 글자는 나무와 관계가 있습니다.
부수가 붙는 자리는 대체로 다음의 일곱 종류로 나눌 수 있습니다.

부수의 자리

변 (왼쪽)		休 쉴 휴	銀 은 은	湖 호수 호	好 좋을 호	記 기록할 기
방 (오른쪽)		動 움직일 동	頭 머리 두	放 놓을 방	幼 어릴 유	顔 얼굴 안
머리 (위)		家 집 가	花 꽃 화	電 번개 전	室 집 실	草 풀 초
발 (아래)		思 생각 사	悲 슬플 비	照 비칠 조	熱 더울 열	怒 성낼 노
엄 (위·왼쪽)		庭 뜰 정	店 가게 점	床 상 상	居 살 거	房 방 방
받침 (왼쪽· 아래)		速 빠를 속	道 길 도	延 끌 연	廷 조정 정	建 세울 건
몸 (둘레)		國 나라 국	圖 그림 도	園 동산 원	困 어려울 곤	圓 둥글 원

한자는 어떻게 만들어졌나

한자는 여섯 가지 원칙으로 만들어졌는데 이것을 '육서(六書)'라고 합니다.
상형·지사·회의·형성·전주·가차 문자로 분류할 수 있습니다.

상형 문자 (象形文字)	사물의 모양을 본떠 만들어 글자의 모양에서 원형과의 관련이 보이는 문자	山 (메 산) 目 (눈 목)
지사 문자 (指事文字)	사물의 위치, 수효, 관계 등 추상적인 개념을 본떠서 만든 글자	上 (위 상) — 선의 위를 나타냄 下 (아래 하) — 선의 아래를 나타냄
회의 문자 (會意文字)	둘 이상의 한자를 합하고 뜻도 합성하여 만든 글자	나무를 나타내는 木을 여러 개 합침 林 (수풀 림)　森 (나무빽빽할 삼)
형성 문자 (形成文字)	뜻을 나타내는 글자와 소리를 나타내는 글자를 합하여 새로이 만든 글자	柱 (기둥 주) = 木(나무)+主(소리를 나타냄) 問 (물을 문) = 門(소리를 나타냄)+口(입)
전주 문자 (轉注文字)	쓰임에 따라 한자의 뜻을 확대·발전시켜 다른 뜻으로 쓰이는 한자로, 음이 바뀌기도 하는 글자	音樂 (음악)　풍류 악 娛樂 (오락)　즐거울 락
가차 문자 (假借文字)	글자의 뜻과 관계없이 소리만 빌려서 다른 뜻을 나타내는 글자	佛蘭西 (불란서: 프랑스) 소리만 빌려서 '프랑스'를 나타냄

🔍 한자는 글자마다 뜻이 있다

반대의 뜻을 가진 한자

한자에는 서로 반대의 뜻을 가진 글자를 합쳐서 만든 낱말이 있습니다. 이런 낱말을 공부하면 뜻이 반대가 되는 말을 알 수 있기 때문에 한자 공부에 많은 도움이 됩니다.

한자	음	뜻
大小	대소	크고 작음.
上下	상하	위와 아래.
老少	노소	늙음과 젊음.
可否	가부	옳고 그름.
前後	전후	앞과 뒤.
始終	시종	처음과 끝.
明暗	명암	밝음과 어두움.
貧富	빈부	가난함과 넉넉함.
因果	인과	원인과 결과.
善惡	선악	착한 것과 악한 것.
勝敗	승패	이김과 짐.
喜悲	희비	기쁨과 슬픔.
強弱	강약	강함과 약함.
開閉	개폐	열고 닫음.
輕重	경중	가벼움과 무거움.
苦樂	고락	괴로움과 즐거움.
得失	득실	얻음과 잃음.
當落	당락	당선과 낙선.
溫冷	온랭	따뜻함과 차가움.
功過	공과	공로와 잘못.
賣買	매매	물건을 팔고 삼.
晝夜	주야	낮과 밤.
長短	장단	긴 것과 짧은 것.
遠近	원근	멀고 가까움.

1장

숫자

1장에서 익혀요!

一 二 三
四 五 六 七
八 九 十 萬

공부한 날: _____월 _____일

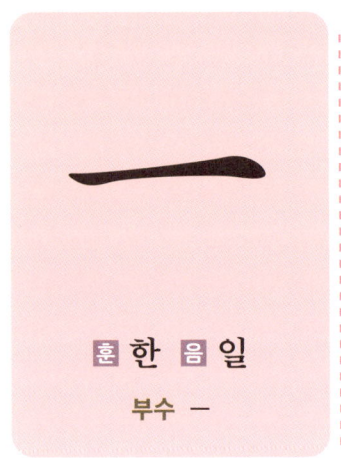

뜻 풀이 ▸ 손가락 하나를 편 모양을 본뜬 글자로 '하나'를 나타냅니다.

쓰임 ▸ 一等(일등): 첫째.
一日(일일): 하루. 한 달의 첫날.

필순 ▸ 一

✏️ 필순에 따라서 一을 쓰고, 훈과 음을 달아 보세요.

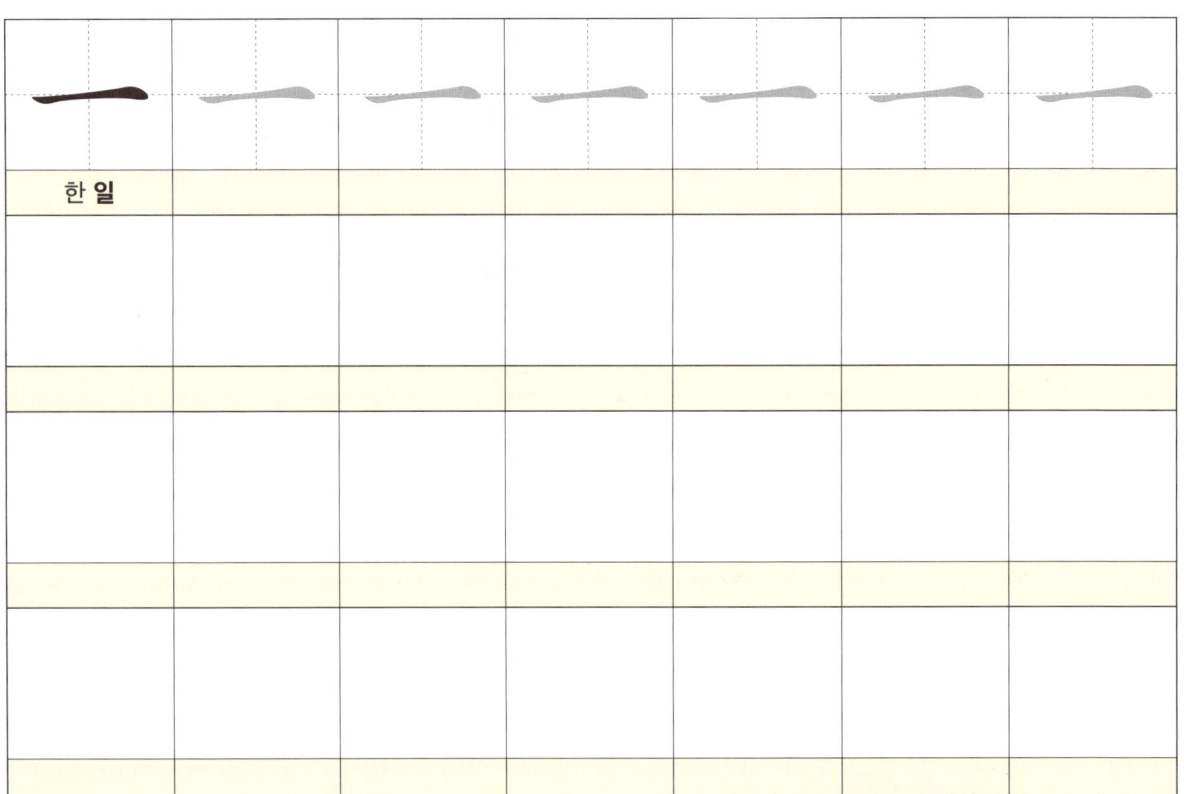

쓰임 더 알아보기

우아, 내가 一等(일등)이다. 신난다!

공부한 날: _____ 월 _____ 일

二

훈 두 음 이
부수 二

뜻 풀이: 손가락 두 개를 편 모양을 본뜬 글자로 '둘'을 나타냅니다.

쓰임: 二人(이인): 두 사람.
二學年(이학년): 둘째 학년.

필순: 一 二

✏️ 필순에 따라서 二를 쓰고, 훈과 음을 달아 보세요.

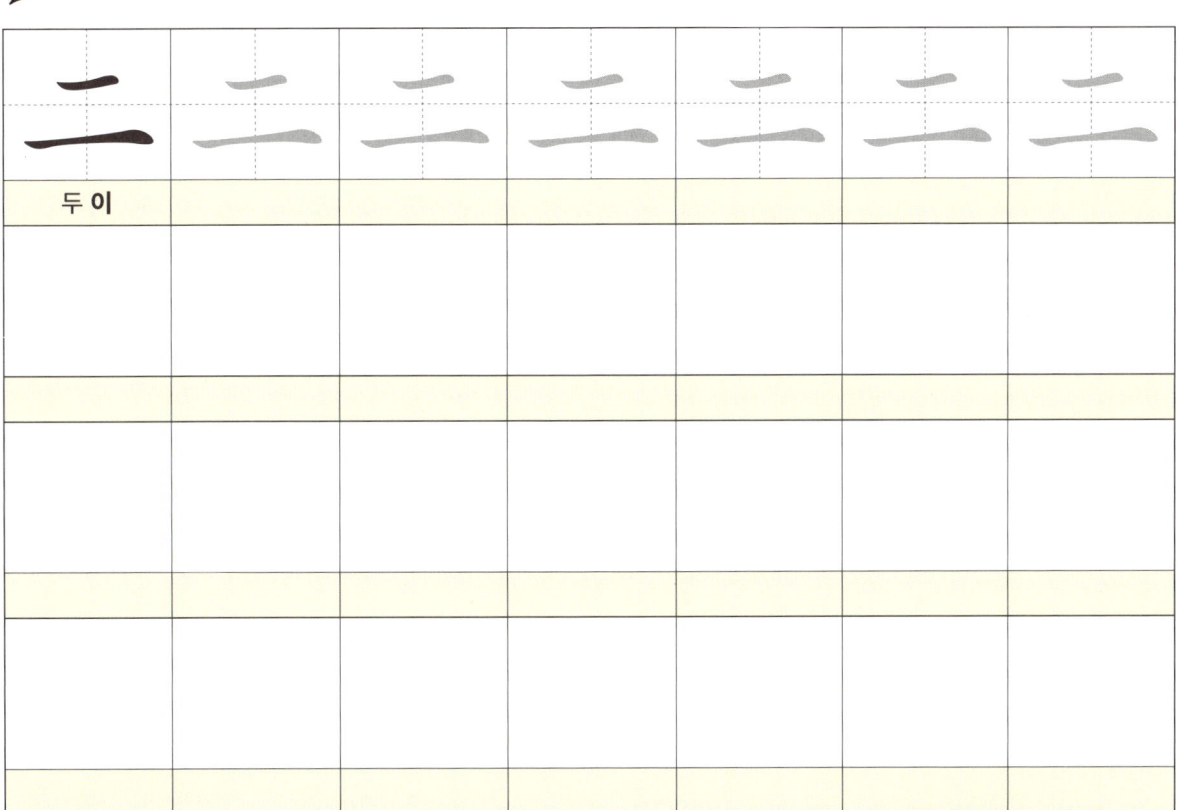

쓰임 더 알아보기

우리는 같은 二學年(이학년)이에요!

공부한 날: _____월 _____일

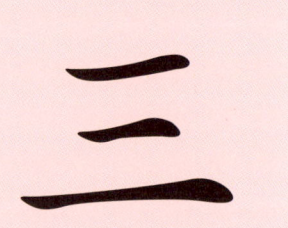

훈 석 음 삼

부수 —

뜻풀이 ▶ 손가락 셋을 편 모양을 본뜬 글자로 '셋'을 나타냅니다.

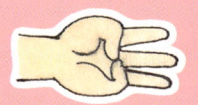

쓰임 ▶ 三國志(삼국지): 나관중이 지은 중국의 장편 역사 소설.
三月(삼월): 1년 12개월 중 셋째 달.

필순 ▶ 三 三 三

✏️ 필순에 따라서 三을 쓰고, 훈과 음을 달아 보세요.

三	三	三	三	三	三	三	三
석 삼							

쓰임 더 알아보기

三月(삼월)에는 三學年(삼학년)이 됩니다.

공부한 날: _____월 _____일

훈 넉　음 사

부수 口

뜻 풀이 손가락 넷을 편 모양을 본뜬 글자로 '넷'을 나타냅니다.

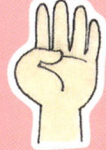 

쓰임 四方(사방): 동서남북 네 방향. 여러 방향.
四層(사층): 여러 층의 건물에서 넷째 층.

필순 四 四 四 四 四

✏️ 필순에 따라서 四를 쓰고, 훈과 음을 달아 보세요.

四	四	四	四	四	四	四
넉 사						

쓰임 더 알아보기

우리 가족은 테마파크 입장권을 四枚(사매: 넉 장) 샀습니다.

공부한 날: _____월 _____일

五

훈 다섯 **음** 오
부수 二

뜻 풀이 두 이(二)의 위아래를 교차시켜 연결한 모양으로 '다섯'을 나타냅니다.

쓰임
五色(오색): 다섯 가지 색. 여러 빛깔.
五年(오년): 다섯 해. <예> 외국에서 五年 만에 왔다.

필순 五 五 五 五

✏️ 필순에 따라서 五를 쓰고, 훈과 음을 달아 보세요.

五	五	五	五	五	五	五
다섯 오						

쓰임 더 알아보기

농구는 五名(오명)이 한 팀인 운동 경기입니다.

공부한 날: _____월 _____일

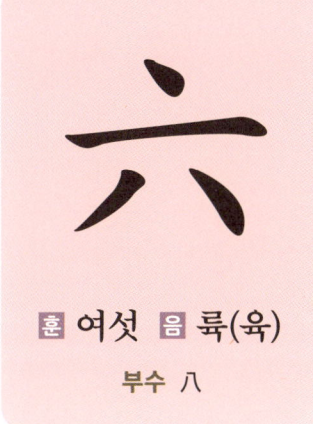

훈 **여섯** 음 **륙(육)**
부수 八

뜻 풀이: 양 손의 손가락을 각각 세 개씩 편 모양을 본뜬 글자로 '여섯'을 나타냅니다.

쓰임: 六年(육년): 여섯 해. <예> 이 집에서 六年이나 살았다.
六回(육회): 여섯 번. <예> 나는 六回나 우승했다.

필순: 六 六 六 六

✏️ 필순에 따라서 六을 쓰고, 훈과 음을 달아 보세요.

六	六	六	六	六	六	六	六
여섯 **륙(육)**							

쓰임 더 알아보기

배구는 六名(육명)이 한 팀인 운동 경기입니다.

* 六이 낱말의 맨 처음에 올 때는 '육'으로 읽습니다. <예외> 유월(六月)

17

공부한 날: _____월 _____일

七

훈 일곱 **음** 칠

부수 —

뜻 풀이 十(십)의 끝 부분을 구부린 모양으로 십보다 작은 '일곱'을 나타냅니다.

쓰임 七勝(칠승): 일곱 번 이김. <예> 七勝이라니, 대단하다.
七枚(칠매): 일곱 장. <예> 색종이가 七枚 있습니다.

필순 七 七

✏️ 필순에 따라서 七을 쓰고, 훈과 음을 달아 보세요.

七	七	七	七	七	七	七
일곱 칠						

쓰임 더 알아보기

저녁이 되자 고깃배 七隻(7척)이 항구로 들어왔습니다.

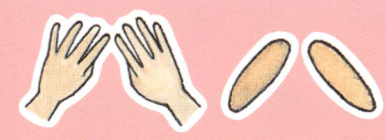

훈 여덟 **음** 팔

부수 八

뜻 풀이 양 손 손가락을 네 개씩 편 모양을 본뜬 글자로 '여덟'을 나타냅니다.

쓰임 八月(팔월): 1년 12개월 중 여덟 번째 달.
八日(팔일): 여덟 날. 한 달 중 여덟 번째 날.

필순 八 八

✏️ 필순에 따라서 八을 쓰고, 훈과 음을 달아 보세요.

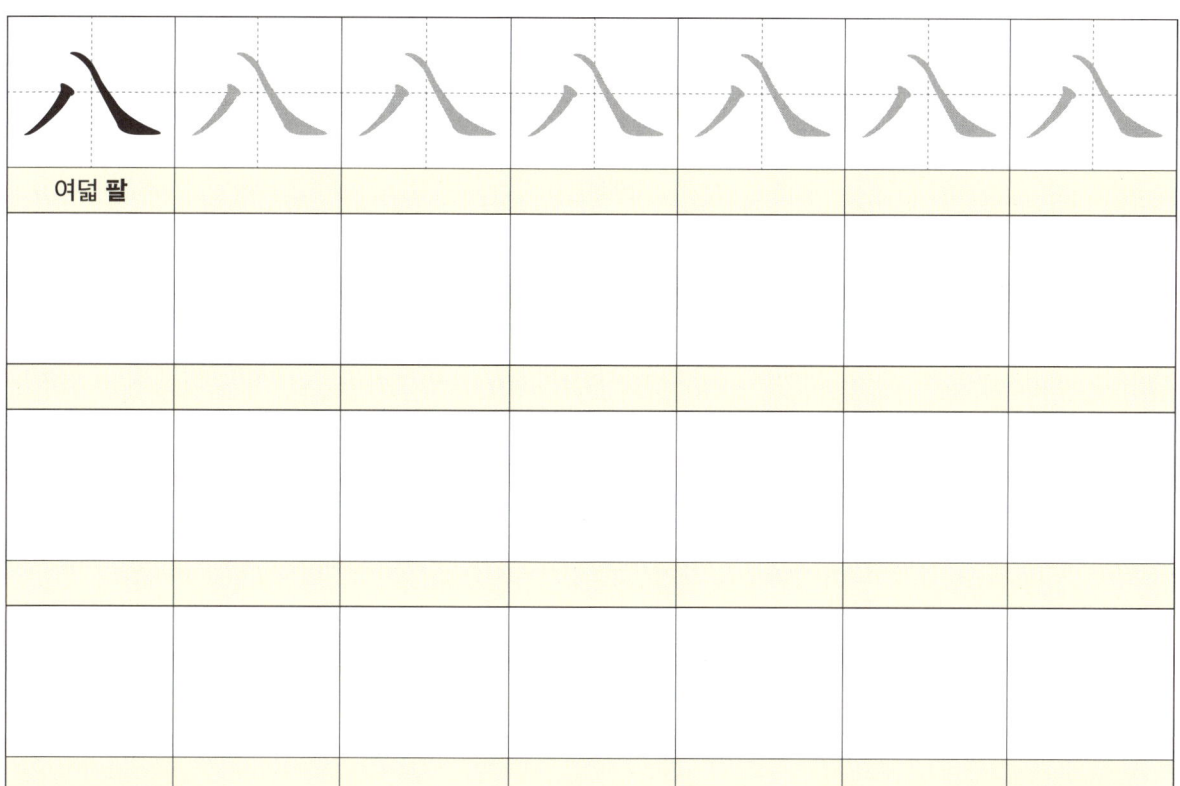

쓰임 더 알아보기

옛날, 조선 시대에는 전국을 八道(팔도)로 나누었습니다.
강원도, 경기도, 경상도, 전라도, 충청도, 평안도, 함경도, 황해도입니다.

공부한 날: _____월 _____일

九

훈 아홉 음 구

부수 乙

뜻 풀이 十(십)을 구부려서 만든 글자로 십보다 작은 수인 '아홉'을 나타냅니다.

쓰임 九名(구명): 아홉 명.
九萬(구만): 만의 9배. <예> 이 운동화는 九萬원이야!

필순 九 九

✏️ 필순에 따라서 九를 쓰고, 훈과 음을 달아 보세요.

九	九	九	九	九	九	九
아홉 구						

쓰임 더 알아보기

영국으로 유학 간 아들이 九年(구년) 만에 돌아왔습니다.

공부한 날: _____ 월 _____ 일

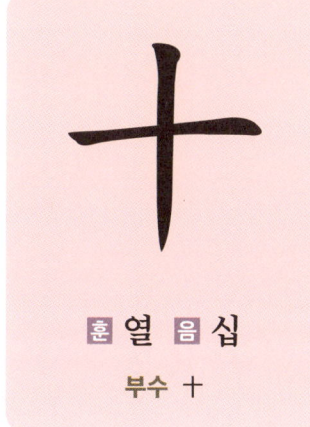

훈 열 음 십
부수 十

뜻 풀이 동서남북 사방을 완전히 교차시킨 모양을 본뜬 글자로 '십'이라는 수를 나타냅니다.
十(십)이 되어야 완전한 수가 된다는 뜻입니다.

쓰임 十圓(십원): 10원. <예> 十圓짜리 동전
三十(삼십): 30. 10의 3배. <예> 거스름돈 三十원

필순 十 十

✏️ 필순에 따라서 十을 쓰고, 훈과 음을 달아 보세요.

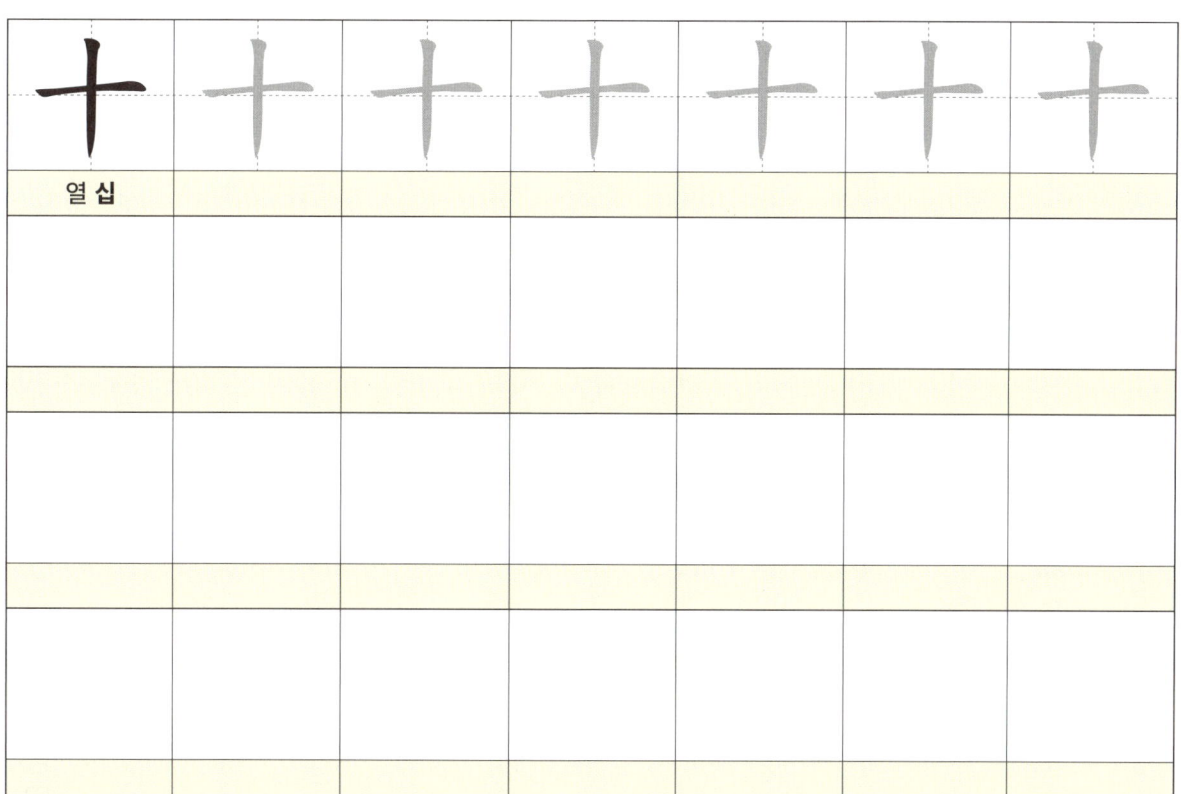

쓰임 더 알아보기 ● 다음 수를 읽어 보세요.

十	십	10
二十	이십	20
三十	삼십	30
四十	사십	40

五十	오십	50
六十	육십	60
七十	칠십	70
八十	팔십	80

九十	구십	90
百	백	100

- **뜻 풀이**: 벌떼가 날고 있는 모양을 본뜬 글자이며 '일만', '많다'의 뜻을 나타냅니다. 화폐의 단위인 '만'을 나타내기도 합니다.

- **쓰임**: 萬歲(만세): 영원히 삶. 경축할 때 외치는 말.
  萬國(만국): 세계의 모든 나라.

- **필순**: 萬 萬 萬 萬 萬 萬 萬 萬 萬 萬 萬 萬 萬

훈 일만 **음** 만
부수 ⺿(艸)

✏️ 필순에 따라서 萬을 쓰고, 훈과 음을 달아 보세요.

萬	萬	萬	萬	萬	萬	萬
일만 만						

쓰임 더 알아보기

천 원짜리 지폐가 열 장이면 萬원입니다.

1장 마무리 문제

공부한 날: _____월 _____일

 아래의 한자를 읽어 보세요.
★ 초록색 한자는 아직 배우지 않은 한자입니다.

二十   三十   五十   九十

四十六   八十九

七萬원   五十萬원

二月 六日   四月 二十三日

1장 마무리 문제

공부한 날: ____ 월 ____ 일

 다음 문제에서 빨간색 한자의 훈(뜻)과 음(소리)을 써 보세요.

문 제	훈(뜻)	음(소리)
(1) 내 동생은 三月에 입학합니다.		
(2) 五月 五日은 어린이날입니다.		
(3) 七月이 되면 여름 방학을 합니다.		
(4) 음력 八月 보름은 추석입니다.		
(5) 나는 새해에 四學年이 됩니다.		
(6) 이 책을 쓰는 데 十年 걸렸어요.		
(7) 이 가방은 萬원을 주고 샀어요.		
(8) 형이 마라톤에서 一等을 했어요.		
(9) 2학기는 九月에 시작됩니다.		
(10) 이 옷이 六萬원이면 비쌉니다.		

정답
(1) 석 삼 (2) 다섯 오 (3) 일곱 칠 (4) 여덟 팔 (5) 넉 사
(6) 열 십 (7) 일만 만 (8) 한 일 (9) 아홉 구 (10) 여섯 륙(육)

1장 마무리 문제

공부한 날: _____ 월 _____ 일

💡 다음의 아라비아 숫자를 한자로 써 보세요.

(11)	(12)	(13)	(14)	(15)	(16)	(17)	(18)	(19)	(20)
1	2	3	4	5	6	7	8	9	10

💡 다음 한자어를 아라비아 숫자로 써 보세요. <보기> 十八(18)

(21) 二十五 (　　　)　　(22) 十三 (　　　)

(23) 三十九 (　　　)　　(24) 六十七 (　　　)

(25) 九十四 (　　　)　　(26) 五十一 (　　　)

💡 다음 한자어의 독음(한자의 음)을 써 보세요. <보기> 二十六(이십육)

(27) 八十五 (　　　)　　(28) 四十六 (　　　)

(29) 二十一 (　　　)　　(30) 七萬 (　　　)

(31) 五十九 (　　　)　　(32) 九萬 三十二 (　　　)

💡 다음의 훈(뜻)과 음(소리)에 알맞은 한자를 써 보세요. <보기> 두 이(二)

(33) 아홉 구 (　　　)　　(34) 일곱 칠 (　　　)

(35) 다섯 오 (　　　)　　(36) 넉 사 (　　　)

정답
(11) 一 (12) 二 (13) 三 (14) 四 (15) 五 (16) 六 (17) 七 (18) 八 (19) 九 (20) 十
(21) 25 (22) 13 (23) 39 (24) 67 (25) 94 (26) 51
(27) 팔십오 (28) 사십육 (29) 이십일 (30) 칠만 (31) 오십구 (32) 구만 삼십이
(33) 九 (34) 七 (35) 五 (36) 四

1장 마무리 문제

공부한 날: _____월 _____일

💡 **다음 한자의 훈(뜻)과 음(소리)을 써 보세요.** <보기> 一(한 일)

(37) 萬 (   )　　(38) 三 (   )

(39) 五 (   )　　(40) 八 (   )

(41) 二 (   )　　(42) 十 (   )

(43) 七 (   )　　(44) 六 (   )

(45) 九 (   )　　(46) 四 (   )

💡 **다음 한자의 훈(뜻)을 써 보세요.** <보기> 二(둘)

(47) 五 (   )　　(48) 七 (   )

(49) 一 (   )　　(50) 萬 (   )

(51) 四 (   )　　(52) 九 (   )

(53) 六 (   )　　(54) 三 (   )

(55) 八 (   )

💡 **다음의 훈(뜻)에 알맞은 한자를 써 보세요.** <보기> 둘(二)

(56) 아홉 (   )　　(57) 셋 (   )　　(58) 여섯 (   )

(59) 넷 (   )　　(60) 일곱 (   )　　(61) 일만 (   )

(62) 다섯 (   )　　(63) 여덟 (   )　　(64) 열 (   )

정답

(37)일만 만 (38)석 삼 (39)다섯 오 (40)여덟 팔 (41)두 이 (42)열 십 (43)일곱 칠
(44)여섯 륙(육) (45)아홉 구 (46)넉 사
(47)다섯 (48)일곱 (49)하나 (50)일만 (51)넷 (52)아홉 (53)여섯 (54)셋 (55)여덟
(56)九 (57)三 (58)六 (59)四 (60)七 (61)萬 (62)五 (63)八 (64)十

2장

크기·위치

2장에서 익혀요!

大 中 小
年 長 外

공부한 날: _____ 월 _____ 일

훈 **큰** 음 **대**

부수 大

뜻 풀이: 사람이 두 팔을 벌린 모양을 본뜬 글자로 '크다'의 뜻을 나타냅니다.

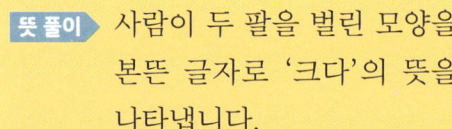

쓰임:
大勝(대승): 매우 크게 이김. <예> 우리 팀이 大勝했다.
巨大(거대): 매우 큼. <예> 巨大한 항공 모함

필순: 一 ナ 大

✏️ 필순에 따라서 大를 쓰고, 훈과 음을 달아 보세요.

大	大	大	大	大	大	大
큰 대						

쓰임 더 알아보기

팝콘을 大(대), 중(中), 소(小) 세 가지 크기의 컵에 담아 팔았습니다.

공부한 날: _____ 월 _____ 일

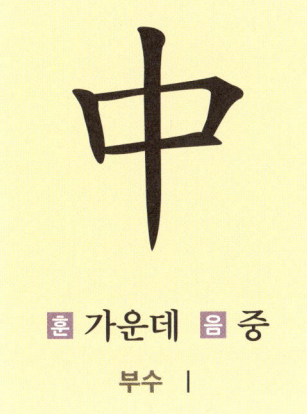

훈 가운데 **음** 중

부수 丨

뜻풀이 팽이의 중심축 모양을 본뜬 글자로 '가운데'의 뜻을 나타냅니다.

 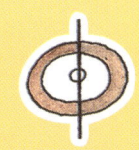

쓰임 中心(중심): 한가운데. <예> 시내 中心에 있다.
中間(중간): 두 사물이나 현상의 사이.

필순 中 ㄇ 口 中

✏️ 필순에 따라서 中을 쓰고, 훈과 음을 달아 보세요.

中	中	中	中	中	中	中
가운데 중						

쓰임 더 알아보기

강아지가 돼지들 中심(중심)에서 나오려고 합니다.

공부한 날: _____월 _____일

小

훈 작을 **음** 소
부수 小

뜻 풀이 작은 곡식이 널려 있는 모양을 본뜬 글자로 '작다'의 뜻을 나타냅니다.

쓰임 大小(대소): 크고 작음. <예> 大小를 비교해 보자.
小銃(소총): 작은 총. <예> 병사들이 小銃을 들었다.

필순 小 小 小

✏️ 필순에 따라서 小를 쓰고, 훈과 음을 달아 보세요.

小	小	小	小	小	小	小
작을 소						

쓰임 더 알아보기

● 大小(대소)는 반대의 뜻을 가진 반의어(反義語)입니다.

　大人(대인) 어른(성인). 키나 몸집이 큰 사람.

　小人(소인) 나이가 어린 사람. 키나 몸집이 작은 사람.

공부한 날: _____ 월 _____ 일

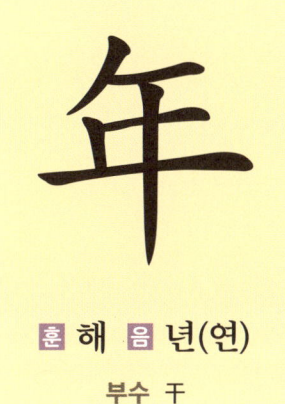

훈 해 음 년(연)
부수 干

뜻 풀이: 벼농사는 매우 중요한 농사입니다. 벼를 심어 거두어들이는 기간이 일 년이어서 '해'를 뜻하게 되었습니다.

쓰임:
豊年(풍년): 농사가 잘된 해. <상대어> 凶年(흉년)
少年(소년): 나이 어린 남자아이. <상대어> 少女(소녀)

필순: 年 年 年 年 年 年

✏️ 필순에 따라서 年을 쓰고, 훈과 음을 달아 보세요.

年	年	年	年	年	年	年
해 년(연)						

쓰임 더 알아보기

● '해'의 뜻으로 쓰입니다.
　今年(금년) 올해.
　來年(내년) 다음 해.
　新年(신년) 새해.
　年末(연말) 한 해의 끝 무렵.

● '나이'의 뜻으로 쓰입니다.
　中年(중년) 40~50대 전후.
　年老(연로) 나이 들어 늙음.
　＊年이 낱말의 맨 처음에 올 때는 '연'으로 읽습니다.

공부한 날: _____ 월 _____ 일

훈 긴/어른 음 장

부수 長

뜻풀이: 노인의 긴 머리 모양을 본뜬 글자로 '길다'나 '어른'의 뜻을 나타냅니다.

쓰임: 里長(이장): 마을을 대표해 일을 맡아 보는 사람.
長短(장단): 길고 짧음. 장점과 단점.

필순: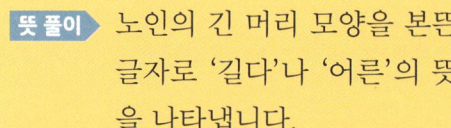

✏️ 필순에 따라서 長을 쓰고, 훈과 음을 달아 보세요.

長	長	長	長	長	長	長
긴/어른 장						

쓰임 더 알아보기

- '우두머리', '어른'을 나타냅니다.
  校長(교장) 학교의 우두머리.
  市長(시장) 시의 우두머리.
  社長(사장) 회사의 우두머리.

- '길다'는 뜻으로 쓰입니다.
  長大(장대) 길고 큼.
  長靴(장화) 목이 길게 올라오는 신.

공부한 날: _____월 _____일

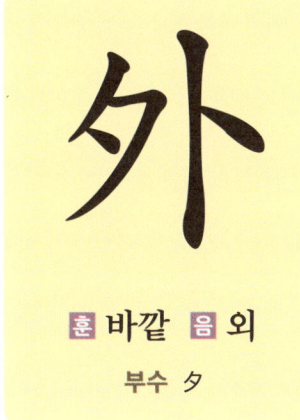

훈 바깥 **음** 외

부수 夕

뜻 풀이 '저녁(夕)에 점(卜)을 친다'는 뜻의 글자로 '바깥'을 나타냅니다.

夕 + 卜
저녁 석 점 복

쓰임 外國(외국): 자기 나라 밖의 다른 나라.
外出(외출): 볼일을 보러 밖으로 나감.

필순 外 外 外 外 外

✏️ 필순에 따라서 外를 쓰고, 훈과 음을 달아 보세요.

外	外	外	外	外	外	外
바깥 외						

쓰임 더 알아보기

● 內外(내외)는 반대의 뜻을 지닌 반의어(反義語)입니다.

室內(실내) 방이나 건물 따위의 안.
室外(실외) 방이나 건물 따위의 밖.

2장 마무리 문제

공부한 날: _____월 _____일

 아래의 한자를 읽어 보세요.

★ 초록색 한자는 아직 배우지 않은 한자입니다.

| 大_인人 | 小_인人 | 青_청年 | 中年 |

大人　　小人　　青年　　中年

大小　　校長　　社長　　會長

中國　　外國　　市外　　內外

　　中學校　　大學校

2장 마무리 문제

공부한 날: _____ 월 _____ 일

💡 다음 문제에서 빨간색 한자의 훈(뜻)과 음(소리)을 써 보세요.

문 제	훈(뜻)	음(소리)
(1) 언니는 大^학學^교校에 다닙니다.		
(2) 나는 내년에 中^학學^교校에 갑니다.		
(3) 어린이를 小^인人이라고 합니다.		
(4) 영어를 배운 지 三年 되었습니다.		
(5) 맏딸을 長^녀女라고 합니다.		
(6) 아버지께서 外^국國에 가셨습니다.		
(7) 어른을 大^인人이라고 합니다.		
(8) 나는 전교 어린이 會^회長입니다.		
(9) 나는 市^시外 버스를 타고 갔습니다.		
(10) 靑^청年이 할아버지를 도왔습니다.		

정답

(1) 큰 대 (2) 가운데 중 (3) 작을 소 (4) 해 년(연) (5) 긴/어른 장
(6) 바깥 외 (7) 큰 대 (8) 긴/어른 장 (9) 바깥 외 (10) 해 년(연)

2장 마무리 문제

공부한 날: _____ 월 _____ 일

 다음 한자의 훈(뜻)과 음(소리)을 써 보세요.

(11) 長 (　　　　)　　(12) 大 (　　　　)
(13) 外 (　　　　)　　(14) 小 (　　　　)
(15) 年 (　　　　)　　(16) 中 (　　　　)

 다음 한자어의 독음을 써 보세요.

(17) 萬年 (　　　　)　　(18) 大小 (　　　　)
(19) 長大 (　　　　)　　(20) 中年 (　　　　)
(21) 十年 (　　　　)　　(22) 八年 (　　　　)

 다음 한자의 뜻을 <보기>에서 골라 그 번호를 써 보세요.

<보기>
① 작다　② 해　③ 크다
④ 가운데　⑤ 바깥　⑥ 길다

(23) 外 (　　　)　　(24) 中 (　　　)
(25) 大 (　　　)　　(26) 長 (　　　)
(27) 小 (　　　)　　(28) 年 (　　　)

정답

(11) 긴/어른 장 (12) 큰 대 (13) 바깥 외 (14) 작을 소 (15) 해 년(연) (16) 가운데 중
(17) 만년 (18) 대소 (19) 장대 (20) 중년 (21) 십년 (22) 팔년
(23) ⑤ (24) ④ (25) ③ (26) ⑥ (27) ① (28) ②

2장 마무리 문제

공부한 날: ____월 ____일

💡 **다음의 뜻에 알맞은 한자를 써 보세요.** <보기> 다섯(五)

(29) 크다 (　　　)　　　(30) 길다 (　　　)

(31) 해 (　　　)　　　(32) 작다 (　　　)

(33) 가운데 (　　　)　　　(34) 바깥 (　　　)

💡 **다음 한자의 훈(뜻)을 써 보세요.** <보기> 萬(일만)

(35) 外 (　　　)　　　(36) 小 (　　　)

(37) 年 (　　　)　　　(38) 中 (　　　)

(39) 長 (　　　)　　　(40) 大 (　　　)

💡 **다음 빨간색 글자의 뜻에 알맞은 한자를 써 보세요.**

(41) 四학년은 내년에 五학년이 됩니다.　　(　　　)

(42) 외국인을 만나 외국어로 말하였습니다.　　(　　　)

(43) 교장 선생님과 원장님이 오셨습니다.　　(　　　)

(44) 중년 아저씨가 중학생을 도왔습니다.　　(　　　)

(45) 대학생이 대문에서 기다렸습니다.　　(　　　)

정답

(29) 大　(30) 長　(31) 年　(32) 小　(33) 中　(34) 外
(35) 바깥　(36) 작다　(37) 해　(38) 가운데　(39) 길다, 어른　(40) 크다
(41) 年　(42) 外　(43) 長　(44) 中　(45) 大

많이 쓰이는 한자 숙어

뜻을 가진 두 개 이상의 낱말이 모여서 전혀 다른 뜻을 만들어 내는 말을 '숙어'라고 합니다. 이런 숙어는 생활 속에서 많이 쓰이므로 공부해 두면 유익합니다.

一長一短	일장일단	장점도 있고 결점도 있음.
一石二鳥	일석이조	한 가지로 두 가지 효과를 거둠.
一擧兩得	일거양득	한 가지 일로 두 가지를 얻음.
九死一生	구사일생	어려운 고비를 여러 번 겪고 살아남.
公明正大	공명정대	하는 일이 사사롭지 않고 떳떳함.
有名無實	유명무실	이름은 났는데 알맹이가 없음.
大器晩成	대기만성	크게 될 사람은 늦게 이루어짐.
右往左往	우왕좌왕	어찌할 바를 모르고 갈팡질팡함.
苦盡甘來	고진감래	어려움을 이겨 내면 기쁨이 옴.
弱肉強食	약육강식	약한 자가 강한 자에게 먹힘.
龍頭蛇尾	용두사미	처음에는 그럴 듯한데 끝이 흐지부지함.
固執不通	고집불통	고집이 세어 융통성이 없음.

3장
요일

3장에서 익혀요!

日 月 火
水 木 金 土

공부한 날: _____월 _____일

훈 날 음 일
부수 日

뜻 풀이: 해의 모양을 본떠서 만든 글자로 '해', '날'을 나타냅니다.

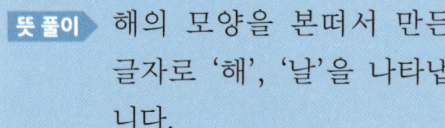

쓰임: 今日(금일): 오늘. <예> 今日 휴업이구나.
百日(백일): 백 날. 백 번째 날. <예> 내 동생 百日 잔치야.

필순:

✏️ 필순에 따라서 日을 쓰고, 훈과 음을 달아 보세요.

日							
날 일							

쓰임 더 알아보기

● '해(태양)'를 나타냅니다.
　日光(일광) 햇빛.
　日出(일출) 해가 떠오름.

● '날'을 나타냅니다.
　來日(내일) 다음 날.
　休日(휴일) 쉬는 날.
　平日(평일) 휴일 아닌 날. 평소.
　生日(생일) 태어난 날.

공부한 날: ____월 ____일

훈 달	음 월
부수 月

뜻풀이 : 초승달의 모양을 본떠서 만든 글자로 '달', '월'을 나타냅니다.

쓰임 : 月刊(월간): 매달 나오는 책. <예> 月刊 잡지
三月(삼월): 1년 12개월 중 셋째 달.

필순 : 月 月 月 月

✏️ 필순에 따라서 月을 쓰고, 훈과 음을 달아 보세요.

月	月	月	月	月	月	月
달 월						

쓰임 더 알아보기

● '달'을 나타냅니다.
　月光(월광) 달빛.
　半月(반월) 반달.
　滿月(만월) 보름달.

● '월'을 나타냅니다.
　正月(정월) 음력으로 한 해의 첫째 달. 1월.
　每月(매월) 매달.
　月初(월초) 그 달의 처음 무렵.
　月末(월말) 그 달의 끝 무렵.

공부한 날: _____월 _____일

훈 불 음 화
부수 火

뜻풀이 ▶ 불이 타오르는 모양을 본뜬 글자로 '불'의 뜻을 나타냅니다.

쓰임 ▶ 火災(화재): 불이 남. <예> 火災는 예방이 제일이다.
火傷(화상): 불에 뎀. <예> 심한 火傷을 입었다.

필순 ▶ 火 火 火 火

✏️ 필순에 따라서 火를 쓰고, 훈과 음을 달아 보세요.

火	火	火	火	火	火	火
불 화						

쓰임 더 알아보기

火山(화산)에서 땅속 가스와 마그마가 쏟아져 나옵니다.

공부한 날: _____ 월 _____ 일

水

훈 물 음 수

부수 水

뜻 풀이: 물이 흘러가는 모양을 본뜬 글자로 '물'을 나타냅니다.

쓰임:
淸水(청수): 맑고 깨끗한 물. <예> 淸水를 떠 놓고 기도했다.
水道(수도): 물길. 상수도. <예> 水道물이 안 나온다.

필순: 水 水 水 水

✏️ 필순에 따라서 水를 쓰고, 훈과 음을 달아 보세요.

水	水	水	水	水	水	水
물 수						

쓰임 더 알아보기

● 水는 '물'을 나타냅니다.

　冷水(냉수) 찬물.
　溫水(온수) 따뜻한 물.
　氷水(빙수) 얼음물.

　生水(생수) 샘에서 솟아나오는 물.
　水中(수중) 물의 가운데. 물 속.
　入水(입수) 물에 들어감.

공부한 날: _____ 월 _____ 일

훈 나무 음 목
부수 木

뜻풀이 나무가 서 있는 모양을 본뜬 글자로 '나무'를 나타냅니다.

쓰임 古木(고목): 오래된 나무. <예> 고목 밑으로 모여라.
木手(목수): 나무를 다루어 집을 짓거나 가구 등을 만드는 사람.

필순 一 十 オ 木

✏️ 필순에 따라서 木을 쓰고, 훈과 음을 달아 보세요.

木	木	木	木	木	木	木
나무 목						

쓰임 더 알아보기 ● 木은 '나무'를 나타냅니다. 木이 들어간 글자는 나무와 관계가 있습니다.

 ▶ ▶

木 → 林 → 森
나무 목   수풀 림   나무빽빽할 삼
            나무 목 두 개를 써서 숲을   나무 목 세 개를 써서 나무가
            나타냅니다.   빽빽한 숲을 나타냅니다.

공부한 날: _____ 월 _____ 일

金

- 훈 쇠 음 금
- 훈 성 음 김
- 부수 金

뜻 풀이 산 속에 묻힌 금덩어리가 반짝이는 모양을 본 뜬 글자입니다.

쓰임
金鑛(금광): 금을 캐내는 광산.
賞金(상금): 상으로 주는 돈.

필순

✏️ 필순에 따라서 金을 쓰고, 훈과 음을 달아 보세요.

金	金	金	金	金	金	金
쇠 금 / 성 김						

쓰임 더 알아보기

● '금', '돈'을 나타냅니다.
　黃金(황금) 금을 구별하여 이르는 말.
　白金(백금) 은백색의 금.
　貯金(저금) 돈을 저축함.

● '김씨 성'을 나타냅니다.
　金春秋(김춘추) 신라 제29대 왕. 무열왕.

＊金은 '성'을 나타낼 때는 '김'으로 읽습니다.

8급

공부한 날: _____ 월 _____ 일

훈 흙 음 토
부수 土

뜻 풀이 땅에서 새싹이 나오는 모양을 본뜬 글자로 '흙'을 나타냅니다.

쓰임 土地(토지): 땅. 흙. <예> 아버지께서 土地를 사들였다.
黃土(황토): 누르고 거무스름한 흙.

필순 一 十 土

✏️ 필순에 따라서 土를 쓰고, 훈과 음을 달아 보세요.

土	土	土	土	土	土	土	土
흙 토							

▶ **쓰임 더 알아보기**

國土(국토) 나라의 땅.
農土(농토) 농사짓는 땅.

3장 마무리 문제

공부한 날: _____ 월 _____ 일

 아래의 한자를 읽어 보세요.

★ 초록색 한자는 아직 배우지 않은 한자입니다.

日 月 火 水 木 金 土

九月　三日　　四月　十日

火_산山　　火_재災　　_냉冷水　　_온溫水

_고古木　　木_수手　　_상賞金　　_황黃金

_국國土　　_황黃土　　月_요曜日

3장 마무리 문제

공부한 날: _____ 월 _____ 일

 다음 문제에서 빨간색 한자의 훈(뜻)과 음(소리)을 써 보세요.

문 제	훈(뜻)	음(소리)
(1) 할아버지는 年金을 받습니다.		
(2) 더워서 冷水를 마셨습니다.		
(3) 우리는 古木 밑에서 놀았어요.		
(4) 土曜日에 삼촌을 만나게 됩니다.		
(5) 이 약은 溫水로 드세요.		
(6) 상으로 黃金 메달을 받았어요.		
(7) 내 생일은 九月 二日입니다.		
(8) 이 土地에 집을 지을 것입니다.		
(9) 四月 七日은 개교 기념일입니다.		
(10) 앞집에 火災가 났습니다.		

정답

(1) 쇠 금 (2) 물 수 (3) 나무 목 (4) 흙 토 (5) 물 수
(6) 쇠 금 (7) 달 월 (8) 흙 토 (9) 날 일 (10) 불 화

3장 마무리 문제

공부한 날: _____월 _____일

 다음 한자의 뜻을 써 보세요. <보기> 中(가운데)

(11) 金 (　　　)　　　(12) 月 (　　　)
(13) 水 (　　　)　　　(14) 土 (　　　)
(15) 日 (　　　)　　　(16) 木 (　　　)
(17) 火 (　　　)

 (　) 안에 알맞은 한자를 써 보세요.

(18) 금요일 다음 날은 (　　)요일입니다.
(19) 월요일 다음 날은 (　　)요일입니다.
(20) 목요일 다음 날은 (　　)요일입니다.
(21) 수요일 다음 날은 (　　)요일입니다.
(22) 월요일 전날은 (　　)요일입니다.
(23) 목요일 전날은 (　　)요일입니다.
(24) 화요일 전날은 (　　)요일입니다.

 오늘이 몇 월 며칠, 무슨 요일인지 한자로 써 보세요.
<보기> 三月 十五日 金曜日

월	일	요일
(25)	(26)	(27)

 답

(11)쇠 (12)달 (13)물 (14)흙 (15)날/해 (16)나무 (17)불
(18)土 (19)火 (20)金 (21)木 (22)日 (23)水 (24)月

3장 마무리 문제

공부한 날: ___월 ___일

 다음 한자의 독음을 써 보세요.

(28) 水 (   )   (29) 月 (   )
(30) 木 (   )   (31) 土 (   )
(32) 日 (   )   (33) 火 (   )
(34) 金 (   )

 다음 빨간색 글자의 뜻에 알맞은 한자를 써 보세요.

(35) 노인은 상금으로 황금을 받았습니다. (   )
(36) 화산이 폭발하여 화재가 났습니다. (   )
(37) 냉수를 마시지 말고 온수를 마셔라. (   )
(38) 일요일은 휴일이라 놀러 가는 차가 많습니다. (   )
(39) 목수가 연장으로 목재를 다듬었습니다. (   )
(40) 황토 속에서 옛날의 토기가 나왔습니다. (   )
(41) 4월 첫 월요일 12시에 만납시다. (   )

빈 칸에 요일의 순서에 알맞은 한자를 써 보세요.

| | (42) | | 木 | (43) | (44) | | 日 | (45) | (46) | | 水 |

| 火 | | 木 | | | 日 | | | 水 |

정답

(28) 수 (29) 월 (30) 목 (31) 토 (32) 일 (33) 화 (34) 금, 김
(35) 金 (36) 火 (37) 水 (38) 日 (39) 木 (40) 土 (41) 月
(42) 水 (43) 金 (44) 土 (45) 月 (46) 火

4장

가족

4장에서 익혀요!

父 母
兄 弟 女 寸

8급

공부한 날: ____ 월 ____ 일

훈 **아비** 음 **부**

부수 父

뜻 풀이: 회초리를 든 아버지의 모습을 본뜬 글자입니다.

쓰임:
父親(부친): 아버지.
父母(부모): 아버지와 어머니.

필순: 父 父 父 父

✏️ 필순에 따라서 父를 쓰고, 훈과 음을 달아 보세요.

父	父	父	父	父	父	父	父
아비 **부**							

쓰임 더 알아보기

父女(부녀) 아버지와 딸.
父子(부자) 아버지와 아들.

공부한 날: _____ 월 _____ 일

훈 어미 음 모

부수 母

뜻 풀이: 어머니가 아기를 안고 젖을 먹이는 모습을 본뜬 글자입니다.

쓰임: 母親(모친): 어머니.
生母(생모): 자기를 낳은 어머니.

필순: 母 母 母 母 母

✏️ 필순에 따라서 母를 쓰고, 훈과 음을 달아 보세요.

母	母	母	母	母	母	母	母
어미 모							

쓰임 더 알아보기

母子(모자) 어머니와 아들.
母女(모녀) 어머니와 딸.

8급

공부한 날: ____월 ____일

兄

훈 **형/맏** 음 **형**

부수 儿

뜻 풀이 말하고(口) 걷는 것(儿)을 먼저 하는 사람이 형이라는 것을 뜻하는 글자입니다.

쓰임
兄夫(형부): 언니의 남편. <예> 兄夫가 입원을 했다.
妹兄(매형): 손윗누이의 남편.

필순 兄 兄 兄 兄 兄

✏️ 필순에 따라서 兄을 쓰고, 훈과 음을 달아 보세요.

兄	兄	兄	兄	兄	兄	兄
형/맏 형						

쓰임 더 알아보기

兄弟(형제) 형과 아우.
姉妹(자매) 언니와 여자 동생.

*뜻이 서로 상대되는 말을 '상대어(相對語)'라고 합니다.

공부한 날: _____ 월 _____ 일

훈 아우 음 제

부수 弓

뜻 풀이 막대기에 가죽 끈을 차례로 감아 내려가는 모양을 본떠 형제 중에서 '아우'를 가리킵니다.

쓰임 兄弟(형제): 형과 아우. <예> 사이좋은 兄弟
弟子(제자): 스승에게서 가르침을 받는 사람.

필순 弟 弟 弟 弟 弟 弟 弟

✏️ 필순에 따라서 弟를 쓰고, 훈과 음을 달아 보세요.

弟	弟	弟	弟	弟	弟	弟
아우 제						

쓰임 더 알아보기

父母와 兄弟 그리고 姉妹(자매)는 가장 가까운 가족입니다.

공부한 날: ____월 ____일

훈 계집　음 녀(여)

부수 女

뜻풀이 여자가 손을 앞으로 모으고 앉아 있는 모습을 본뜬 글자입니다.

쓰임 　男女(남녀): 남자와 여자. <예> 男女 차이
　　　女性(여성): 여자. <상대어> 男性(남성)

필순 　女　女　女

✏️ 필순에 따라서 女를 쓰고, 훈과 음을 달아 보세요.

女	女	女	女	女	女	女
계집 녀(여)						

쓰임 더 알아보기

● '여자'를 나타냅니다.

　女人(여인) 여자.
　女軍(여군) 여자 군인.
　女兒(여아) 여자아이.
　女王(여왕) 여자 임금.

　美女(미녀) 아름다운 여자.
　少女(소녀) 어린 여자아이.
　下女(하녀) 여자 하인.
　長女(장녀) 맏딸.

＊女가 낱말의 맨 처음에 올 때는 '여'로 읽습니다.

공부한 날: _____ 월 _____ 일

寸

훈 마디 **음** 촌
부수 寸

뜻 풀이 손가락 마디의 모양을 본떠서 만든 글자입니다.

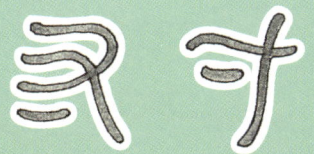

쓰임
寸志(촌지): 마음이 담긴 작은 선물.
寸劇(촌극): 아주 짧은 연극. 토막극.

필순 寸 寸 寸

✏️ 필순에 따라서 寸을 쓰고, 훈과 음을 달아 보세요.

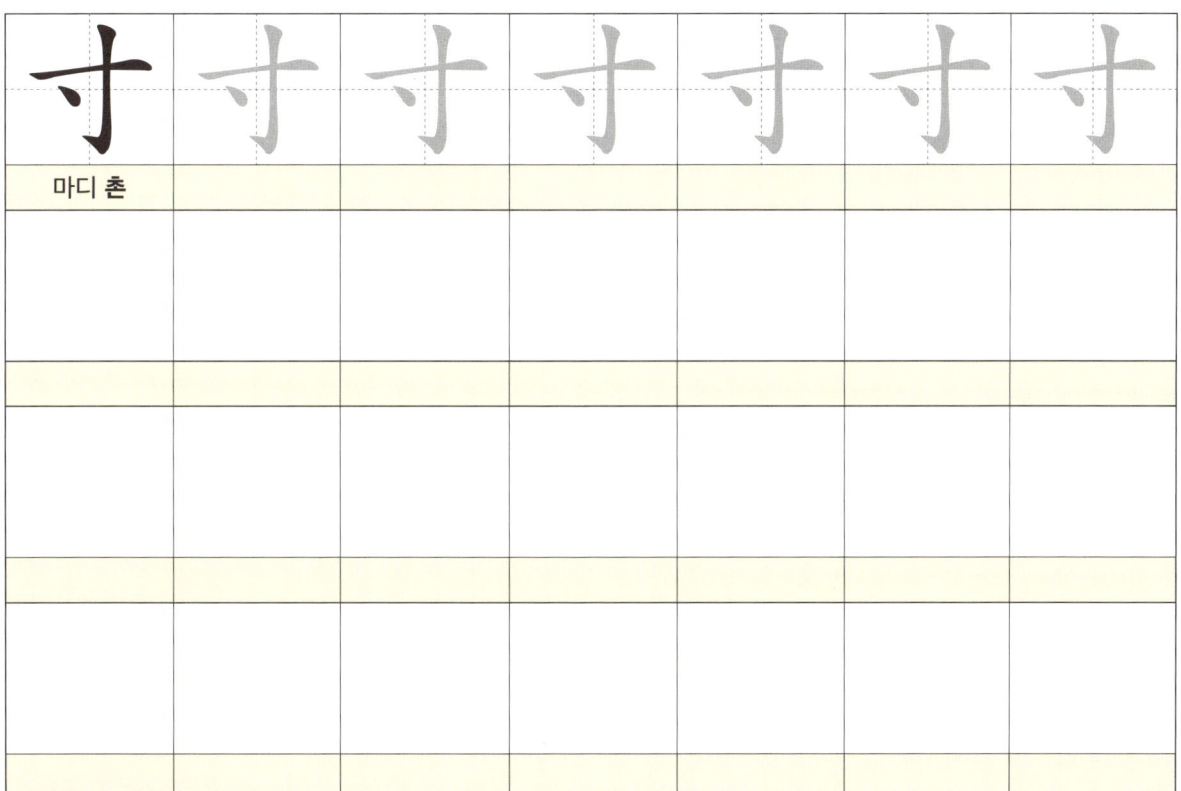

마디 촌

쓰임 더 알아보기

三寸(삼촌) 아버지의 남자 형제.
四寸(사촌) 아버지의 형제 자매가 낳은 아들딸.

57

4장 마무리 문제

공부한 날: _____ 월 _____ 일

 아래의 한자를 읽어 보세요.

★ 초록색 한자는 아직 배우지 않은 한자입니다.

父母　　　　兄弟

| 父^자子 | 母^자子 | 父女 | 母女 |

^매妹兄　　兄^부夫　　^자子弟　　弟^자子

女^자子　　女^인人　　長女　　^미美女

三寸　　^소少女　　外三寸

4장 마무리 문제

공부한 날: _____ 월 _____ 일

 다음 문제에서 빨간색 한자의 훈(뜻)과 음(소리)을 써 보세요.

문 제	훈(뜻)	음(소리)
(1) 父女가 다정하게 걸어왔습니다.		
(2) 三寸은 책을 많이 읽습니다.		
(3) 우리 어머니는 長女, 맏딸입니다.		
(4) 兄은 그림 그리기를 좋아합니다.		
(5) 아버지의 弟子(자)가 찾아왔습니다.		
(6) 父母의 사랑을 알게 되었습니다.		
(7) 兄弟는 언제나 사이가 좋았어요.		
(8) 이모는 인기 많은 美(미)女예요.		
(9) 아버지를 父親(친)이라고도 합니다.		
(10) 선물 상자에 寸志(지)라고 썼습니다.		

정답

(1) 아비 부 (2) 마디 촌 (3) 계집 녀(여) (4) 형/맏 형 (5) 아우 제
(6) 어미 모 (7) 아우 제 (8) 계집 녀(여) (9) 아비 부 (10) 마디 촌

4장 마무리 문제

공부한 날: _____월 _____일

💡 다음 한자어의 독음을 써 보세요.

(11) 父母 (   )   (12) 兄弟 (   )

(13) 三寸 (   )   (14) 父女 (   )

(15) 長女 (   )   (16) 母女 (   )

💡 다음 낱말의 뜻에 알맞은 한자를 써 보세요.

(17) 아버지 (   )   (18) 형 (   )

(19) 여자 (   )   (20) 어머니 (   )

(21) 동생 (   )

💡 다음 한자의 훈(뜻)과 음(소리)을 써 보세요.

(22) 弟 (   )   (23) 父 (   )

(24) 女 (   )   (25) 母 (   )

(26) 兄 (   )   (27) 寸 (   )

정답

(11) 부모 (12) 형제 (13) 삼촌 (14) 부녀 (15) 장녀 (16) 모녀

(17) 父 (18) 兄 (19) 女 (20) 母 (21) 弟

(22) 아우 제 (23) 아비 부 (24) 계집 녀(여) (25) 어미 모 (26) 형/맏 형 (27) 마디 촌

4장 마무리 문제

공부한 날: _____ 월 _____ 일

💡 **다음의 훈(뜻)과 음(소리)에 알맞은 한자를 써 보세요.**

(28) 마디 촌 (   )   (29) 아우 제 (   )

(30) 아비 부 (   )   (31) 계집 녀(여) (   )

(32) 형/맏 형 (   )   (33) 어미 모 (   )

💡 **다음 한자의 독음을 써 보세요.**

(34) 母 (   )   (35) 兄 (   )

(36) 女 (   )   (37) 寸 (   )

(38) 父 (   )   (39) 弟 (   )

💡 **다음의 뜻에 알맞은 한자어를 써 보세요.**

(40) 아버지와 딸   (   )

(41) 어머니와 딸   (   )

(42) 아버지와 어머니   (   )

(43) 형과 아우   (   )

(44) 삼촌   (   )

(45) 맏딸   (   )

(46) 외삼촌   (   )

정답

(28) 寸 (29) 弟 (30) 父 (31) 女 (32) 兄 (33) 母
(34) 모 (35) 형 (36) 녀(여) (37) 촌 (38) 부 (39) 제
(40) 父女 (41) 母女 (42) 父母 (43) 兄弟 (44) 三寸 (45) 長女 (46) 外三寸

한자 상식 3

고사성어란 무엇인가

고사성어(古事成語)는 옛날에 있었던 유명한 사건에서 나온 말로 속담이나 격언처럼 우리 생활에서 일어나는 일들에 비유해서 사용합니다.

塞翁之馬 새옹지마
변방 새 늙은이 옹 어조사 지 말 마

옛날, 중국 변방에 사는 한 노인의 말이 오랑캐 땅으로 달아났습니다.

얼마 뒤, 그 말이 좋은 말을 데리고 돌아왔습니다. 그런데 노인의 아들이 그 말을 타다가 떨어져 그만 다리가 부러지고 말았습니다.

그 뒤, 전쟁이 나서 젊은이들이 싸움터로 끌려갔지만 노인의 아들은 다친 다리 때문에 끌려가지 않고 무사했습니다. 이처럼 새옹지마는 사람의 앞일은 변화가 많아서 예측할 수 없다는 뜻입니다.

孟母三遷 맹모삼천
(맹모삼천지교)
맏 맹 어미 모 석 삼 옮길 천

중국의 유명한 학자인 맹자의 어머니가 아들을 가르치기 위해 세 번이나 이사한 것을 이르는 말입니다. 교육에서 환경이 중요하다는 뜻이지요. 처음에 공동 묘지 가까운 곳으로 이사했더니 맹자가 우는 흉내를 냈습니다. 다음으로 시장 가까이 이사를 갔더니 맹자가 장사꾼 흉내를 냈습니다. 그래서 다시 서당이 있는 곳으로 옮겨 공부를 시켰다는 이야기에서 유래했습니다.

5장

방향

5장에서 익혀요!

東 西 南 北
青 白 軍

훈 동녘 음 동
부수 木

뜻풀이 : 아침에 떠오른 해가 나뭇가지에 걸린 모양을 본뜬 글자입니다.

쓰임 : 東風(동풍): 동쪽에서 불어 오는 바람.
東海(동해): 동쪽에 있는 바다.

필순 : 東 東 東 東 東 東 東 東

✏️ 필순에 따라서 東을 쓰고, 훈과 음을 달아 보세요.

東	東	東	東	東	東	東
동녘 동						

쓰임 더 알아보기

- '동쪽'을 나타냅니다.

  東門(동문) 동쪽에 있는 문.
  東村(동촌) 동쪽 마을.
  東方(동방) 동쪽.

  東西(동서) 동쪽과 서쪽.
  東天(동천) 동쪽 하늘.
  東大門(동대문) 흥인지문의 다른 이름.
  東問西答(동문서답) 물음과 상관 없는 엉뚱한 대답.

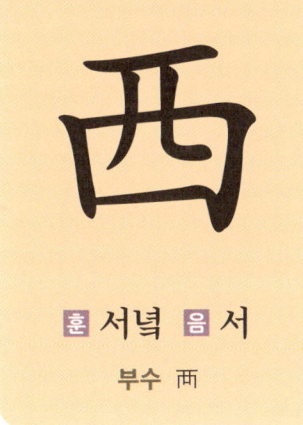

- 훈 서녘 음 서
- 부수 西

- 뜻풀이 : 해질 무렵 새가 돌아온 둥지의 모양을 본뜬 글자입니다.
- 쓰임 : 西山(서산): 서쪽에 있는 산. <예> 西山에 지는 해
  西門(서문): 서쪽 문. <예> 西門으로 들어가라.
- 필순 : 西 西 西 西 西 西

✏️ 필순에 따라서 西를 쓰고, 훈과 음을 달아 보세요.

西	西	西	西	西	西	西
서녘 서						

쓰임 더 알아보기

우리가 사는 東洋(동양)에 西洋(서양) 문화가 들어왔습니다.
西洋(서양) 유럽과 아메리카 지역.
西海(서해) 서쪽에 있는 바다.
東**西**古今(동서고금) 동양과 서양, 그리고 옛날과 지금.

공부한 날: ____월 ____일

南

훈 남녘 **음** 남
부수 十

뜻 풀이 따뜻한 온실 안의 풀이 싹이 돋아난 모양을 본뜬 글자입니다.

쓰임
南極(남극): 지구의 남쪽 끝. <예> 南極 탐험대
南窓(남창): 남쪽으로 난 창.

필순 南 南 南 南 南 南 南 南 南

✏️ 필순에 따라서 南을 쓰고, 훈과 음을 달아 보세요.

南	南	南	南	南	南
남녘 남					

쓰임 더 알아보기

● '남쪽'을 나타냅니다.

南天(남천) 남쪽 하늘.
南江(남강) 남쪽 강.
江南(강남) 강의 남쪽 지역.

南山(남산) 남쪽에 있는 산.
南國(남국) 남쪽 나라.
南韓(남한) 휴전선 이남의 한국.
南方(남방) 남쪽.

공부한 날: _____월 _____일

北

훈 북녘 **음** 북
훈 달아날 **음** 배
부수 匕

뜻 풀이 두 사람이 등을 맞대고 있는 모양을 본뜬 글자입니다.

쓰임
南北(남북): 남쪽과 북쪽. <예> 南北 통일
北軍(북군): 북쪽의 군대. <예> 南軍과 北軍의 싸움

필순 北 北 北 北 北

✏️ 필순에 따라서 北을 쓰고, 훈과 음을 달아 보세요.

北	北	北	北	北	北	北
북녘 북/달아날 배						

쓰임 더 알아보기

● '북쪽'을 나타냅니다.

北韓(북한) 대한민국의 휴전선 북쪽 지역.
北極(북극) 지축의 북쪽 끝.

南男北女(남남북녀) 우리나라에서 남자는 남쪽 지방 사람이 잘나고 여자는 북쪽 지방 사람이 고움을 이르는 말.
北斗七星(북두칠성) 큰곰자리에서 국자 모양을 이루며 가장 뚜렷하게 보이는 일곱 개의 별.

8급

공부한 날: _____월 _____일

青

훈 푸를 음 청

부수 青

뜻 풀이 : 화분에서 자라고 있는 푸른 풀의 모양을 본뜬 글자입니다.

쓰임 : 青年(청년): 젊은이. <예> 青年은 노인을 도왔다.
青松(청송): 푸른 소나무. <예> 青松이 그려진 그림

필순 : 青 青 青 青 青 青 青 青

✏️ 필순에 따라서 青을 쓰고, 훈과 음을 달아 보세요.

青	青	青	青	青	青	青
푸를 청						

쓰임 더 알아보기

青年은 南大門(남대문)을 구경하였습니다.

*남대문(숭례문) 우리나라 국보 제1호. 조선 시대에 세워진 한양 도성 남쪽의 정문.

공부한 날: _____월 _____일

훈 흰 음 백

부수 白

뜻 풀이 날/해 일(日)과 비슷한 글자로 '희다', '밝고 환하다'의 뜻을 나타냅니다.

쓰임 白人(백인): 백색 인종에 속하는 사람.
白旗(백기): 흰 깃발. <예> 白旗를 들어 항복했다.

필순 白 白 白 白 白

✏️ 필순에 따라서 白을 쓰고, 훈과 음을 달아 보세요.

白	白	白	白	白	白	白
흰 백						

쓰임 더 알아보기

운동회날, 靑軍(청군)과 白軍(백군)으로 나누어 응원을 하였습니다.

공부한 날: _____ 월 _____ 일

훈 군사 음 군
부수 車

뜻 풀이: 전차(車)를 둘러싸고 진을 친 군대를 나타낸 글자입니다.

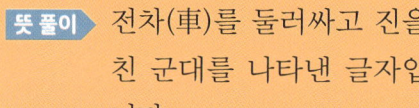

쓰임: 軍人(군인): 군대에서 복무하는 사람.
軍隊(군대): 일정한 규율로 조직된 군인의 집단.

필순: 軍軍軍軍軍軍軍軍軍

✏️ 필순에 따라서 軍을 쓰고, 훈과 음을 달아 보세요.

軍	軍	軍	軍	軍	軍	軍
군사 군						

쓰임 더 알아보기

陸軍(육군) 주로 땅 위에서 공격과 방어 임무를 맡은 군대.
海軍(해군) 주로 바다에서 공격과 방어 임무를 맡은 군대.
空軍(공군) 주로 공중에서 공격과 방어 임무를 맡은 군대.

5장 마무리 문제

공부한 날: _____월 _____일

 아래의 한자를 읽어 보세요.
★ 초록색 한자는 아직 배우지 않은 한자입니다.

東西南北   南北統一
南山   西山   南軍   北軍
白軍   靑軍   白人   靑年
       東大門   南大門

5장 마무리 문제

공부한 날: _____ 월 _____ 일

 다음 문제에서 빨간색 한자의 훈(뜻)과 음(소리)을 써 보세요.

문 제	훈(뜻)	음(소리)
(1) 靑白 달리기는 靑군이 이겼어요.		
(2) 둥근 해가 西山(산)으로 졌습니다.		
(3) 텔레비전에 白人(인)이 나왔습니다.		
(4) 南山(산)에서 서울 구경을 했어요.		
(5) 東風(풍)이 불어서 시원하구나.		
(6) 형은 海(해)軍에 들어갔습니다.		
(7) 南北統(통)一은 우리의 소원입니다.		
(8) 南쪽에는 더운 나라가 있습니다.		
(9) 靑年은 노인을 안내하였습니다.		
(10) 軍人(인)들이 행진을 하였습니다.		

정답
(1) 푸를 청 (2) 서녘 서 (3) 흰 백 (4) 남녘 남 (5) 동녘 동
(6) 군사 군 (7) 북녘 북 (8) 남녘 남 (9) 푸를 청 (10) 군사 군

5장 마무리 문제

공부한 날: _____월 _____일

 다음 한자의 독음을 써 보세요.

(11) 軍 (   )   (12) 北 (   )

(13) 靑 (   )   (14) 東 (   )

(15) 西 (   )   (16) 白 (   )

(17) 南 (   )

 다음의 훈(뜻)과 음(소리)에 알맞은 한자를 써 보세요.

(18) 푸를 청 (   )   (19) 동녘 동 (   )

(20) 북녘 북 (   )   (21) 흰 백 (   )

(22) 군사 군 (   )   (23) 서녘 서 (   )

(24) 남녘 남 (   )

 다음 한자의 뜻을 <보기>에서 골라 그 번호를 써 보세요.

<보기>　① 남쪽　② 푸르다　③ 동쪽　④ 희다
　　　　⑤ 서쪽　⑥ 북쪽　⑦ 군사

(25) 白 (   )   (26) 東 (   )

(27) 靑 (   )   (28) 南 (   )

(29) 軍 (   )   (30) 北 (   )

(31) 西 (   )

(11) 군 (12) 북, 배 (13) 청 (14) 동 (15) 서 (16) 백 (17) 남
(18) 靑 (19) 東 (20) 北 (21) 白 (22) 軍 (23) 西 (24) 南
(25) ④ (26) ③ (27) ② (28) ① (29) ⑦ (30) ⑥ (31) ⑤

5장 마무리 문제

공부한 날: _____ 월 _____ 일

💡 다음 밑줄 친 글자에 알맞은 한자를 <보기>에서 골라 그 번호를 써 보세요.

> <보기> ① 靑 ② 白 ③ 軍 ④ 東 ⑤ 西 ⑥ 南 ⑦ 北

백(32)인 청(33)년은 서울 구경을 하였습니다. 남(34)대문과 동(35)대문은 보았지만 서(36)대문은 이름만 남아 있었습니다. 서대문 네거리에서 북(37)쪽으로 가니 독립문이 있었습니다. 군(38)인이 백인에게 설명해 주었습니다.

(32) 백 (   )   (33) 청 (   )   (34) 남 (   )
(35) 동 (   )   (36) 서 (   )   (37) 북 (   )
(38) 군 (   )

💡 ( ) 안에 알맞은 말을 <보기>에서 골라 그 번호를 써 보세요.

> <보기> ① 군   ② 푸르다   ③ 남쪽   ④ 희다
>   ⑤ 북쪽 ⑥ 동쪽   ⑦ 서쪽

(39) 北은 (   )이라는 뜻입니다.
(40) 白은 (   )라는 뜻입니다.
(41) 靑은 (   )라는 뜻입니다.
(42) 軍은 (   )이라고 읽습니다.

정답
(32)② (33)① (34)⑥ (35)④ (36)⑤ (37)⑦ (38)③
(39)⑤ (40)④ (41)② (42)①

6장

학교

6장에서 익혀요!

先 生 教 室
學 校 門

8급

공부한 날: ____월 ____일

훈 먼저 **음** 선

부수 儿

뜻 풀이 '남보다 앞서가는(之) 사람(儿)'이라는 뜻을 나타낸 글자이며 '먼저', '앞서다'의 뜻으로 쓰입니다.

쓰임 先輩(선배): 자기보다 나이나 경험 등이 많은 사람.
先見(선견): 장래의 일을 미리 내다보고 앎.

필순 先 先 先 先 先 先

✏️ 필순에 따라서 先을 쓰고, 훈과 음을 달아 보세요.

先	先	先	先	先	先	先
먼저 선						

쓰임 더 알아보기

● '먼저', '앞서다'를 나타냅니다.

先生(선생) 학생을 가르치는 사람. 스승.
先手(선수) 남보다 앞질러 하는 행동.
先勝(선승) 먼저 이김.

先進(선진) 문물의 발전이 앞섬.
先祖(선조) 조상. 시조.
先王(선왕) 선대의 임금.
先占(선점) 남보다 앞서서 차지함.

生	
훈 날 음 생	뜻 풀이: 새싹이 땅 위로 돋아나 자라는 모양을 본뜬 글자입니다. 
부수 生	쓰임: 學生(학생): 교육 기관에 들어가 배우는 사람. 人生(인생): 사람이 이 세상에 살아 있는 동안.
	필순: 生 生 生 生 生

✏️ 필순에 따라서 生을 쓰고, 훈과 음을 달아 보세요.

生	生	生	生	生	生	生
날 생						

쓰임 더 알아보기

● '태어나다'의 뜻으로 쓰입니다.
  生日(생일) 태어난 날.
  出生(출생) 태어남.
  生後(생후) 태어난 후.

● '살아 있다'의 뜻으로 쓰입니다.
  生氣(생기) 생생한 기운.
  生活(생활) 일정한 환경에서 활동하며 살아감.
  生物(생물) 생명을 가지고 스스로 살아가는 것.

教

훈 가르칠 음 교

부수 攵(攴)

뜻 풀이: 매를 들어 본받게 한다는 데서 '가르치다'의 뜻을 나타냅니다.

爻 + 子 + 攵
본받을 효 아들 자 칠 복

쓰임
敎育(교육): 지식을 가르치고 품성과 체력을 기름.
敎師(교사): 학생을 가르치는 사람. 선생님.

필순: 教 教 教 教 教 教 教 教 教 教 教

✏️ 필순에 따라서 敎를 쓰고, 훈과 음을 달아 보세요.

教	教	教	教	教	教
가르칠 교					

쓰임 더 알아보기

敎師(교사)가 敎室(교실)에서 敎育(교육)을 하고 있습니다.

공부한 날: _____월 _____일

훈 집/실내 음 실

부수 宀

뜻 풀이 사람이 집(宀) 안에 이르러 (至) 사는 집을 나타내는 글자입니다.

宀 + 至
집 면(갓머리) 이를 지

쓰임 室內(실내): 집이나 건물의 안. <상대어> 室外(실외)
校長室(교장실): 교장 선생님이 사무를 보는 방.

필순 室 室 室 室 室 室 室 室 室

✏️ 필순에 따라서 室을 쓰고, 훈과 음을 달아 보세요.

室	室	室	室	室	室	室
집/실내 **실**						

쓰임 더 알아보기

● '방'을 나타냅니다.

居室(거실) 가족이 함께 모여 생활하는 넓은 공간.
寢室(침실) 잠을 자는 방.

공부한 날: _____월 _____일

훈 배울 음 학

부수 子

뜻 풀이: 아들(子)이 집(宀)에서 책을 잡고 가르침을 받는다 하여 '배우다'를 뜻합니다.

臼彐 + 子
양손 국(臼)+
본받을 효(爻)+
덮을 멱(宀)

아들 자

쓰임: 學校(학교): 학생을 수용하여 교육하는 기관.
苦學(고학): 학비를 스스로 벌어 고생하며 공부함.

필순: 學 學 學 學 學 學 學 學 學 學 學 學 學 學 學 學

✏️ 필순에 따라서 學을 쓰고, 훈과 음을 달아 보세요.

學	學	學	學	學	學	學
배울 학						

쓰임 더 알아보기

● '배우다'의 뜻으로 쓰입니다.

學生(학생) 배우는 사람.
學問(학문) 어떤 분야를 배우고 익힘. 또는 그런 지식.
學力(학력) 학문의 실력.

入學(입학) 학교에 들어감.
退學(퇴학) 다니던 학교를 그만둠.
休學(휴학) 배우는 것을 쉼.
見學(견학) 보고 배움.

공부한 날: _____월 _____일

校

훈 학교 **음** 교
부수 木

뜻 풀이: 구부러진 나무(木)를 바로잡아 주듯이 서로 사귀면서(交) 바르게 배우는 곳이라는 데서 '학교'를 나타냅니다.

쓰임:
校門(교문): 학교의 문.
校歌(교가): 학교를 상징하는 노래.

필순: 校 校 校 校 校 校 校 校 校 校

✏️ 필순에 따라서 校를 쓰고, 훈과 음을 달아 보세요.

校	校	校	校	校	校	校
학교 교						

쓰임 더 알아보기

● 우리나라 초-중-고-대학의 총 교육 기간은 16년입니다.

초등학교(初等學校) 6年
중학교(中學校) 3年
고등학교(高等學校) 3年
대학교(大學校) 4年

공부한 날: _____월 _____일

훈 문 음 문
부수 門

뜻풀이 닫아 놓은 두 개의 문짝 모양을 본떠서 만든 글자입니다.

쓰임 大門(대문): 큰 문. 집의 정문.
城門(성문): 성곽의 문.

필순 門門門門門門門門

✏️ 필순에 따라서 門을 쓰고, 훈과 음을 달아 보세요.

門	門	門	門	門	門	門
문 문						

쓰임 더 알아보기

東大門(동대문)은 서울의 동쪽에 있는 큰 문으로 조선 시대에 지었습니다.
보물 제1호이며 정식 명칭은 '서울 흥인지문'입니다.

6장
마무리 문제

공부한 날: _____ 월 _____ 일

 아래의 한자를 읽어 보세요.
★ 초록색 한자는 아직 배우지 않은 한자입니다.

先生　　　　學生　　　　生活(활)

敎室　　　　敎育(육)　　學校

室內(내)　　室外　　　　校長室

校門　　　　校訓(훈)　　大門

6장 마무리 문제

공부한 날: _____ 월 _____ 일

 다음 문제에서 빨간색 한자의 훈(뜻)과 음(소리)을 써 보세요.

문 제	훈(뜻)	음(소리)
(1) 우리 先生님은 키가 크십니다.		
(2) 학생들이 校門으로 들어갔어요.		
(3) 校長室 청소를 하였습니다.		
(4) 學生은 선생님의 제자입니다.		
(5) 室內(내)에서는 조용히 해야 합니다.		
(6) 敎室에 새가 들어왔습니다.		
(7) 자신의 生年月日을 써 보세요.		
(8) 주인이 大門을 열고 나왔습니다.		
(9) 一生을 미술가로 보냈습니다.		
(10) 나는 내년에 中學校에 갑니다.		

정답

(1) 먼저 선 (2) 문 문 (3) 학교 교 (4) 배울 학 (5) 집/실내 실
(6) 가르칠 교 (7) 날 생 (8) 문 문 (9) 날 생 (10) 배울 학

6장 마무리 문제

공부한 날: _____ 월 _____ 일

💡 다음 한자의 독음을 써 보세요.

(11) 敎 (   )   (12) 門 (   )
(13) 先 (   )   (14) 室 (   )
(15) 校 (   )   (16) 生 (   )
(17) 學 (   )

💡 다음 한자의 뜻을 <보기>에서 골라 그 번호를 써 보세요.

<보기> ① 집(실내)   ② 배우다   ③ 가르치다
        ④ 학교   ⑤ 나다(태어나다) ⑥ 먼저   ⑦ 문

(18) 先 (   )   (19) 生 (   )
(20) 學 (   )   (21) 門 (   )
(22) 室 (   )   (23) 校 (   )
(24) 敎 (   )

💡 다음의 훈(뜻)과 음(소리)에 알맞은 한자를 써 보세요.

(25) 가르칠 교 (   )   (26) 날 생 (   )
(27) 문 문 (   )   (28) 먼저 선 (   )
(29) 학교 교 (   )   (30) 집/실내 실 (   )
(31) 배울 학 (   )

정답

(11)교 (12)문 (13)선 (14)실 (15)교 (16)생 (17)학
(18)⑥ (19)⑤ (20)② (21)⑦ (22)① (23)④ (24)③
(25)敎 (26)生 (27)門 (28)先 (29)校 (30)室 (31)學

6장 마무리 문제

공부한 날: _____ 월 _____ 일

 다음 밑줄 친 글자에 알맞은 한자를 <보기>에서 골라 그 번호를 써 보세요.

<보기>   ①學 ②門 ③生 ④敎 ⑤校 ⑥先 ⑦室

 아침 일찍 학<u>교</u>(32)에 왔습니다. 교<u>실</u>(33)에 들어와 먼저 창<u>문</u>(34)을 열었습니다. <u>선</u>(35)생님이 들어오시더니 <u>학</u>(36)생들의 <u>생</u>(37)일을 조사하셨습니다. 생일 일람표를 <u>교</u>(38)실 벽에 붙여 놓았습니다.

(32) 교 (   ) (33) 실 (   ) (34) 문 (   ) (35) 선 (   )
(36) 학 (   ) (37) 생 (   ) (38) 교 (   )

 다음 밑줄 친 글자에 공통으로 쓰이는 한자를 <보기>에서 골라 그 번호를 써 보세요.

<보기>   ①校 ②生 ③學 ④門 ⑤敎

(39) <u>선</u>생님이 <u>생</u>일 선물을 주셨습니다.   (   )
(40) 창<u>문</u>을 열고 교<u>문</u> 쪽을 바라보았습니다.   (   )
(41) <u>학</u>생들이 <u>학</u>교로 갔습니다.   (   )
(42) <u>교</u>문에서 <u>교</u>장 선생님을 만났습니다.   (   )

정답
(32)⑤ (33)⑦ (34)② (35)⑥ (36)① (37)③ (38)④
(39)② (40)④ (41)③ (42)①

7장

나라

7장에서 익혀요!

韓 國 人
王 民 山

공부한 날: ___월 ___일

훈 나라/한국 **음** 한
부수 韋

뜻풀이 아침 햇빛이 온 나라를 비추는 곳, 바로 우리나라 韓國(한국)을 가리킵니다.
大韓民國(대한민국)은 우리나라의 이름입니다.

쓰임 韓國(한국): 대한민국.
韓服(한복): 우리나라 고유의 옷.

필순 韓 韓 韓 韓 韓 韓 韓 韓 韓 韓 韓 韓 韓 韓 韓 韓 韓

✏️ 필순에 따라서 韓을 쓰고, 훈과 음을 달아 보세요.

韓	韓	韓	韓	韓	韓	韓
나라/한국 **한**						

쓰임 더 알아보기

4년마다 월드컵 대회가 열리면 '大韓民國(대한민국)'을 외치며 함께 응원합니다.

훈 **나라** 음 **국**

부수 囗

뜻 풀이 옛날에는 큰 성이 나라를 대표하였습니다. 창(戈)을 들고 성(口)을 지키는 것은 바로 나라를 지키는 일이었습니다. '國'은 나라를 나타냅니다.

쓰임 國軍(국군): 나라를 지키는 군대.
國旗(국기): 나라를 상징하는 깃발.

필순 國 國 國 國 國 冂 囗 國 國 國 國

✏️ 필순에 따라서 國을 쓰고, 훈과 음을 달아 보세요.

國	國	國	國	國	國	國
나라 국						

쓰임 더 알아보기

● '나라'를 나타냅니다.

國家(국가) 나라.
國力(국력) 나라의 힘.
國土(국토) 나라의 땅.

國立(국립) 나라에서 세움.
國境(국경) 나라와 나라 사이의 경계.
國民(국민) 나라의 백성.
國名(국명) 나라 이름.

훈 사람 음 인
부수 人

뜻풀이 사람의 옆모습을 본떠서 만든 글자로 '사람'을 나타냅니다.

쓰임
人間(인간): 사람. <예> 人間과 짐승은 다르다.
人氣(인기): 사람·사물에 쏠리는 사람들의 호감.

필순 人 人

✏️ 필순에 따라서 人을 쓰고, 훈과 음을 달아 보세요.

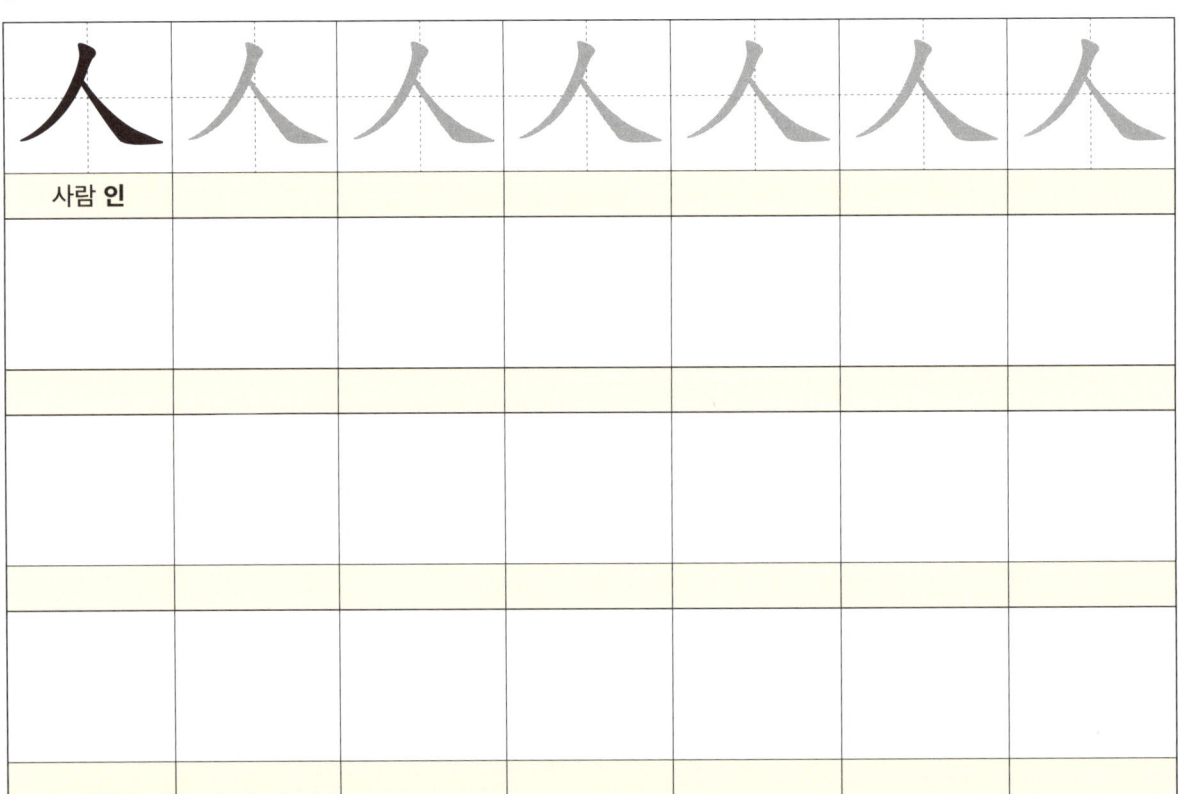

쓰임 더 알아보기

아시아 국가인 中國(중국)과 인도(印度)는 人口(인구)가 많은 나라입니다.

공부한 날: _____월 _____일

王

훈 임금 **음** 왕
부수 玉

뜻 풀이: 땅(土) 위의 으뜸(一)은 임금이라는 뜻이며 무기로 천하를 정복한 사람을 나타내기도 합니다.

쓰임:
王宮(왕궁): 임금이 사는 대궐.
王冠(왕관): 임금이 머리에 쓰는 관.

필순: 王 王 王 王

필순에 따라서 王을 쓰고, 훈과 음을 달아 보세요

王	王	王	王	王	王	王
임금 왕						

쓰임 더 알아보기

王의 아들은 王子(왕자), 딸은 公主(공주)라고 합니다.

民

훈 백성 **음** 민

부수 氏

뜻 풀이: 여자가 앉아 있는 모양을 본뜬 글자이며 백성의 시초는 어머니로부터 태어난다 해서 '백성'을 나타내는 글자가 되었습니다.

쓰임:
民族(민족): 언어와 풍습이 같은 집단. 겨레.
洞民(동민): 한 동네에 사는 사람.

필순: 民 民 民 民 民

✏️ 필순에 따라서 民을 쓰고, 훈과 음을 달아 보세요.

民	民	民	民	民	民	民
백성 민						

쓰임 더 알아보기

● '백성'을 나타냅니다.

國民(국민) 나라 백성.
市民(시민) 시에 사는 사람.
平民(평민) 보통 사람.

貧民(빈민) 가난한 사람.
良民(양민) 선량한 사람.
道民(도민) 도에 사는 사람.
民家(민가) 일반 국민의 집.

공부한 날: _____월 _____일

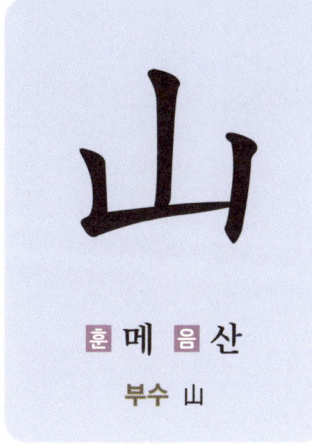

훈 메 음 산
부수 山

뜻 풀이 산봉우리의 모양을 본 뜬 글자로 '산'을 나타냅니다.

쓰임 山川(산천): 산과 시내. 자연을 말함.
登山(등산): 산에 오름. <예> 주말에 가족끼리 登山을 했다.

필순 山 山 山

✏️ 필순에 따라서 山을 쓰고, 훈과 음을 달아 보세요.

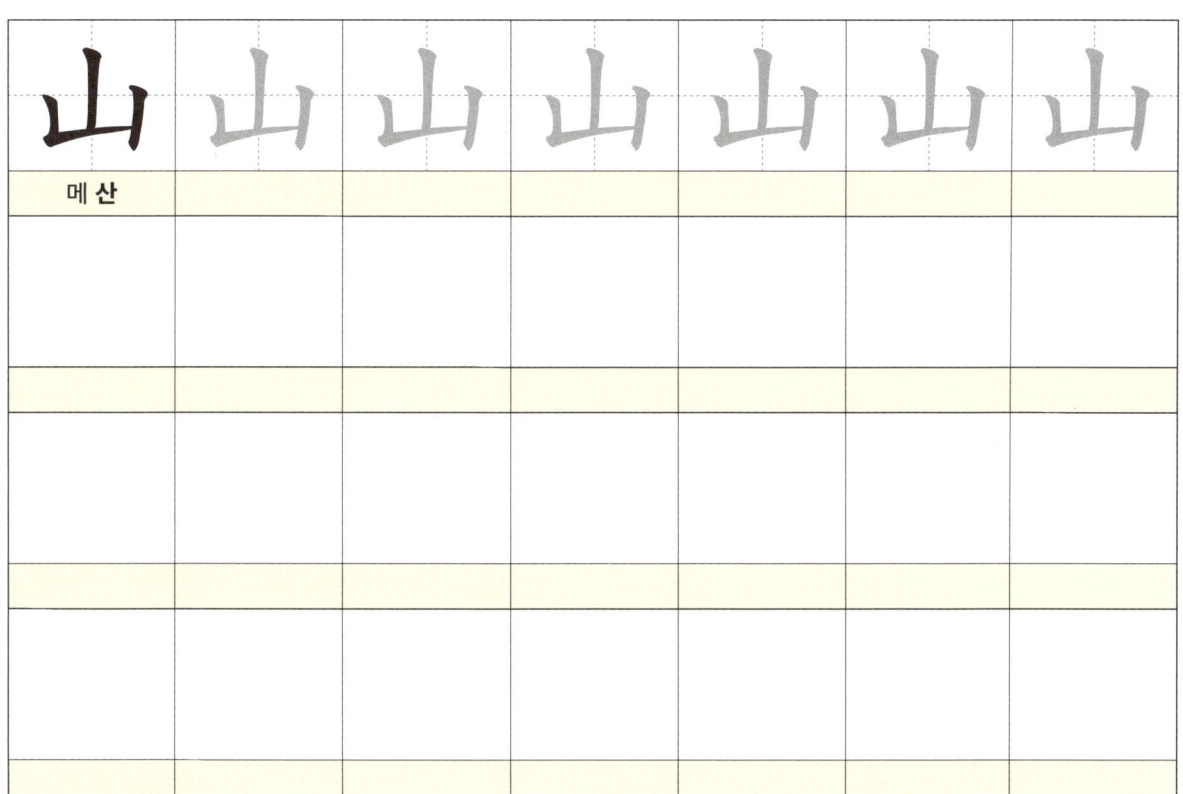

쓰임 더 알아보기

白頭山(백두산), 金剛山(금강산), 雪嶽山(설악산), 漢拏山(한라산)은 한반도에서 높고 아름답기로 손꼽히는 산입니다.

7장 마무리 문제

공부한 날: _____월 _____일

 아래의 한자를 읽어 보세요.
★ 초록색 한자는 아직 배우지 않은 한자입니다.

大韓民國　韓國

國民	市(시)民	韓國人
國王	王子(자)	王宮(궁)
南山	山村(촌)	白頭(두)山
白人	黑(흑)人	軍人

7장 마무리 문제

공부한 날: _____ 월 _____ 일

💡 다음 문제에서 빨간색 한자의 훈(뜻)과 음(소리)을 써 보세요.

문 제	훈(뜻)	음(소리)
(1) 韓國은 大韓民國의 준말입니다.	_____	_____
(2) 나라를 사랑하는 國民입니다.	_____	_____
(3) 國王은 왕자와 여행을 갔어요.	_____	_____
(4) 金剛山은 아름다운 산입니다.	_____	_____
(5) 國旗를 들고 만세를 불렀어요.	_____	_____
(6) 外國人이 어린이를 구했어요.	_____	_____
(7) 住民들이 칭찬하는 아이입니다.	_____	_____
(8) 아버지는 登山을 좋아하십니다.	_____	_____
(9) 中國은 우리의 이웃 나라입니다.	_____	_____
(10) 韓服은 아름다운 옷입니다.	_____	_____

정답

(1)나라/한국 한 (2)백성 민 (3)임금 왕 (4)메 산 (5)나라 국
(6)사람 인 (7)백성 민 (8)메 산 (9)나라 국 (10)나라/한국 한

7장 마무리 문제

공부한 날: ____월 ____일

 다음 한자어의 독음을 써 보세요.

(11) 民 (   )　　(12) 山 (   )

(13) 韓 (   )　　(14) 國 (   )

(15) 王 (   )　　(16) 人 (   )

 다음 한자의 뜻을 <보기>에서 골라 그 번호를 써 보세요.

<보기>
① 나라　② 사람　③ 메(산)
④ 임금　⑤ 나라(한국)　⑥ 백성

(17) 山 (   )　　(18) 韓 (   )

(19) 王 (   )　　(20) 人 (   )

(21) 國 (   )　　(22) 民 (   )

다음의 훈(뜻)과 음(소리)에 알맞은 한자를 써 보세요.

(23) 나라 국 (   )　　(24) 사람 인 (   )

(25) 메 산 (   )　　(26) 백성 민 (   )

(27) 나라 한 (   )　　(28) 임금 왕 (   )

정답

(11)민 (12)산 (13)한 (14)국 (15)왕 (16)인 (17)③ (18)⑤ (19)④ (20)② (21)① (22)⑥
(23)國 (24)人 (25)山 (26)民 (27)韓 (28)王

7장 마무리 문제

공부한 날: ____ 월 ____ 일

 다음 ( ) 안에 알맞은 말을 <보기>에서 골라 그 번호를 써 보세요.

- <보기>　① 한　② 백성　③ 나라　④ 인　⑤ 임금　⑥ 산

(29) 王은 (　　)이라는 뜻입니다.

(30) 國은 (　　)라는 뜻입니다.

(31) 民은 (　　)이라는 뜻입니다.

(32) 韓은 (　　)이라고 읽습니다.

(33) 人은 (　　)이라고 읽습니다.

(34) 山은 (　　)이라고 읽습니다.

 다음 밑줄 친 글자에 알맞은 한자를 <보기>에서 골라 그 번호를 써 보세요.

- <보기>　①民　②國　③王　④山　⑤韓　⑥人

국<u>민</u>(35)들의 존경을 받는 국<u>왕</u>(36)은 <u>한</u>(37)국을 좋아하였습니다. 그래서 그 나라 <u>국</u>(38)민들도 등<u>산</u>(39)하는 한국<u>인</u>(40)들에게 친절하였습니다.

(35) 민 (　　)　(36) 왕 (　　)　(37) 한 (　　)
(38) 국 (　　)　(39) 산 (　　)　(40) 인 (　　)

정답

(29)⑤ (30)③ (31)② (32)① (33)④ (34)⑥ (35)① (36)③ (37)⑤ (38)② (39)④ (40)⑥

8급 한자 총정리 (1)

✏️ 다음 한자의 훈(뜻)과 음(소리)을 써 보세요.

教	校	九	國	軍
金	南	女	年	大
東	六	萬	母	木
門	民	白	父	北
四	山	三	生	西

공부한 날: ____월 ____일

★ 8급 시험에는 '한자 쓰기'가 나오지 않으나 6급 시험부터는 '한자 쓰기'가 있으므로 미리 공부해 두어야 합니다.

先	小	水	室	十
五	王	外	月	二
人	一	日	長	弟
中	青	寸	七	土
八	學	韓	兄	火

8급 한자 총정리 (2)

다음의 훈(뜻)과 음(소리)에 알맞은 한자를 써 보세요.

가르칠 교	학교 교	아홉 구	나라 국	군사 군
쇠 금/성 김	남녘 남	계집 녀(여)	해 년(연)	큰 대
동녘 동	여섯 륙(육)	일만 만	어미 모	나무 목
문 문	백성 민	흰 백	아비 부	북녘 북/달아날 배
넉 사	메 산	석 삼	날 생	서녘 서

공부한 날: _____월 _____일

먼저 선	작을 소	물 수	집/실내 실	열 십
다섯 오	임금 왕	바깥 외	달 월	두 이
사람 인	한 일	날 일	긴/어른 장	아우 제
가운데 중	푸를 청	마디 촌	일곱 칠	흙 토
여덟 팔	배울 학	나라/한국 한	형/맏 형	불 화

8급 한자 예상 문제 (1)

★ 예상 문제 (1)~(5)의 정답은 112쪽에 있습니다.

💡 다음 한자의 훈(뜻)과 음(소리)을 써 보세요.

(1) 萬 (　　　　)　　(2) 學 (　　　　)
(3) 靑 (　　　　)　　(4) 室 (　　　　)
(5) 民 (　　　　)　　(6) 先 (　　　　)
(7) 火 (　　　　)　　(8) 母 (　　　　)
(9) 七 (　　　　)　　(10) 外 (　　　　)

💡 다음의 훈(뜻)과 음(소리)에 알맞은 한자를 <보기>에서 골라 그 번호를 써 보세요.

<보기>	① 東	② 白	③ 山	④ 兄	⑤ 長
	⑥ 月	⑦ 生	⑧ 南	⑨ 年	⑩ 四

(11) 남녘 남 (　　)　　(12) 달 월 (　　)
(13) 긴/어른 장 (　　)　　(14) 흰 백 (　　)
(15) 메 산 (　　)　　(16) 동녘 동 (　　)
(17) 날 생 (　　)　　(18) 넉 사 (　　)
(19) 해 년(연) (　　)　　(20) 형/맏 형 (　　)

💡 다음 한자어의 독음을 써 보세요.

(21) 南大門 (　　　　)　　(22) 韓國人 (　　　　)
(23) 北韓 (　　　　)　　(24) 校長室 (　　　　)

💡 다음 ㉠과 ㉡의 밑줄 친 글자에 공통으로 쓰이는 한자를 <보기>에서 골라 그 번호를 써 보세요.

<보기> ① 生   ② 外   ③ 軍   ④ 水   ⑤ 北   ⑥ 木

(25) (   ) ㉠ 우리나라는 남북으로 갈라져 있습니다.
              ㉡ 북한 주민은 같은 민족입니다.
(26) (   ) ㉠ 군인들이 행진을 합니다.
              ㉡ 오빠는 공군 장교입니다.
(27) (   ) ㉠ 학생들이 모여서 축구를 하였습니다.
              ㉡ 다음 주 월요일은 내 생일입니다.
(28) (   ) ㉠ 태풍이 불어서 고목이 쓰러졌습니다.
              ㉡ 목수가 책상을 만들었습니다.
(29) (   ) ㉠ 오늘은 더워서 수영장에 갔습니다.
              ㉡ 냉수를 마셨더니 시원하였습니다.
(30) (   ) ㉠ 할아버지께서 외출을 하셨습니다.
              ㉡ 부모님이 외국 여행을 다녀오셨습니다.

💡 다음 한자어를 아라비아 숫자로 써 보세요.

(31) 二十五 (   )   (32) 九十八 (   )
(33) 十六 (   )   (34) 四十七 (   )

💡 다음 아라비아 숫자를 한자로 써 보세요.

(35) 36 (   )   (36) 74 (   )
(37) 45 (   )   (38) 18 (   )

8급 한자 예상 문제 (2)

💡 다음 한자의 훈(뜻)과 음(소리)을 써 보세요.

(1) 寸 (　　　　)　　(2) 弟 (　　　　)

(3) 年 (　　　　)　　(4) 國 (　　　　)

(5) 山 (　　　　)　　(6) 兄 (　　　　)

(7) 西 (　　　　)　　(8) 校 (　　　　)

(9) 東 (　　　　)　　(10) 四 (　　　　)

💡 다음 밑줄 친 글자에 알맞은 한자를 <보기>에서 골라 그 번호를 써 보세요.

<보기>　①學　②日　③靑　④月　⑤土　⑥軍

10월(11) 1일(12)은 국군(13)의 날입니다. 국토(14)를 지키는 군인들이 고마웠습니다. 많은 학(15)생과 청(16)년들이 국군의 행진을 구경하였습니다.

(11) 월 (　　)　　(12) 일 (　　)　　(13) 군 (　　)

(14) 토 (　　)　　(15) 학 (　　)　　(16) 청 (　　)

 다음 한자어의 독음을 써 보세요.

(17) 國土 (　　　　)　　(18) 長女 (　　　　)

(19) 大王 (　　　　)　　(20) 兄弟 (　　　　)

공부한 날: _____월 _____일

💡 다음의 훈(뜻)과 음(소리)에 알맞은 한자를 <보기>에서 골라 그 번호를 써 보세요.

<보기>
① 金   ② 敎   ③ 門   ④ 人   ⑤ 中
⑥ 父   ⑦ 生   ⑧ 韓   ⑨ 六   ⑩ 土

(21) 날 생 (   )　　　　(22) 가운데 중 (   )

(23) 가르칠 교 (   )　　(24) 여섯 륙(육) (   )

(25) 문 문 (   )　　　　(26) 쇠 금/성 김 (   )

(27) 사람 인 (   )　　　(28) 나라/한국 한 (   )

(29) 흙 토 (   )　　　　(30) 아비 부 (   )

💡 다음 (   ) 안에 알맞은 말을 <보기>에서 골라 그 번호를 써 보세요.

<보기>
① 군사   ② 녀(여)   ③ 작다   ④ 백
⑤ 목   ⑥ 길다   ⑦ 왕   ⑧ 남쪽

(31) 長은 (   )라는 뜻입니다.

(32) 南은 (   )이라는 뜻입니다.

(33) 小는 (   )라는 뜻입니다.

(34) 軍은 (   )라는 뜻입니다.

(35) 女는 (   )라고 읽습니다.

(36) 王은 (   )이라고 읽습니다.

(37) 木은 (   )이라고 읽습니다.

(38) 白은 (   )이라고 읽습니다.

8급 한자 예상 문제 (3)

💡 다음 한자의 훈(뜻)과 음(소리)을 써 보세요.

(1) 北 (   )   (2) 白 (   )

(3) 月 (   )   (4) 土 (   )

(5) 大 (   )   (6) 十 (   )

(7) 日 (   )   (8) 王 (   )

(9) 三 (   )   (10) 九 (   )

💡 다음 한자어의 독음을 써 보세요.

(11) 校門 (   )   (12) 學校 (   )

(13) 靑軍 (   )   (14) 火山 (   )

(15) 大學校 (   )   (16) 中學校 (   )

(17) 敎室 (   )   (18) 生日 (   )

(19) 六學年 (   )   (20) 三寸 (   )

💡 다음의 훈(뜻)과 음(소리)에 알맞은 한자를 <보기>에서 골라 그 번호를 써 보세요.

<보기> ① 敎 ② 弟 ③ 日 ④ 五 ⑤ 八 ⑥ 國

(21) 날 일 (   )   (22) 다섯 오 (   )

(23) 여덟 팔 (   )   (24) 가르칠 교 (   )

(25) 아우 제 (   )   (26) 나라 국 (   )

💡 다음 ㉠과 ㉡의 밑줄 친 글자에 공통으로 쓰이는 한자를 <보기>에서 골라 그 번호를 써 보세요.

• <보기>   ① 敎   ② 金   ③ 母   ④ 弟   ⑤ 中   ⑥ 南

(27) (   ) ㉠ 부모님을 따라 여행을 갔습니다.
            ㉡ 모녀가 같이 목욕탕에 갔습니다.
(28) (   ) ㉠ 남산에 오르니 한강이 보였습니다.
            ㉡ 북한보다 남한 인구가 더 많습니다.
(29) (   ) ㉠ 학교는 교육을 하는 곳입니다.
            ㉡ 학생들은 모두 교실에 있습니다.
(30) (   ) ㉠ 형제 사이가 늘 좋았습니다.
            ㉡ 선생님은 제자들을 꾸짖었습니다.
(31) (   ) ㉠ 언니는 중학생이 되었습니다.
            ㉡ 시내 중심에 시장이 있습니다.
(32) (   ) ㉠ 상으로 황금 목걸이를 주었습니다.
            ㉡ 청년은 올림픽에서 금메달을 땄습니다.

💡 다음 (   ) 안에 알맞은 말을 <보기>에서 골라 그 번호를 써 보세요.

• <보기>   ① 년(연)   ② 백성   ③ 수   ④ 푸르다

(33) 水는 (   )라고 읽습니다.
(34) 年는 (   )이라고 읽습니다.
(35) 靑은 (   )라는 뜻입니다.
(36) 民은 (   )이라는 뜻입니다.

8급 한자 예상 문제 (4)

💡 다음 한자어의 독음을 써 보세요.

(1) 韓國 (　　　)　　(2) 女軍 (　　　)
(3) 國軍 (　　　)　　(4) 東西 (　　　)
(5) 外國 (　　　)　　(6) 女人 (　　　)
(7) 王室 (　　　)　　(8) 學生 (　　　)
(9) 九萬 (　　　)　　(10) 先生 (　　　)

💡 다음 한자의 훈(뜻)과 음(소리)을 써 보세요.

(11) 八 (　　　)　　(12) 水 (　　　)
(13) 長 (　　　)　　(14) 小 (　　　)
(15) 人 (　　　)　　(16) 木 (　　　)
(17) 南 (　　　)　　(18) 父 (　　　)
(19) 一 (　　　)　　(20) 六 (　　　)

💡 다음의 훈(뜻)과 음(소리)에 알맞은 한자를 <보기>에서 골라 그 번호를 써 보세요.

<보기>　①室　②東　③軍　④火　⑤韓　⑥校

(21) 나라/한국 한 (　　)　　(22) 학교 교 (　　)
(23) 동녘 동 (　　)　　(24) 군사 군 (　　)
(25) 불 화 (　　)　　(26) 집/실내 실 (　　)

💡 다음 ( ) 안에 알맞은 한자를 <보기>에서 골라 그 번호를 써 보세요.

(27) 군인: 軍(   )　　<보기> ① 月　② 人　③ 山
(28) 대문: (   )門　　<보기> ① 弟　② 寸　③ 大
(29) 화산: 火(   )　　<보기> ① 西　② 校　③ 山
(30) 교실: (   )室　　<보기> ① 敎　② 校　③ 學
(31) 장녀: (   )女　　<보기> ① 大　② 長　③ 母

💡 다음 밑줄 친 글자에 알맞은 한자를 <보기>에서 골라 그 번호를 써 보세요.

• <보기> ① 學　② 室　③ 靑　④ 南　⑤ 民　⑥ 日

(32) (   )　　청색　청년　청군
(33) (   )　　생일　五일　일요일
(34) (   )　　국민　시민　주민
(35) (   )　　학교　학생　중학교
(36) (   )　　남북　남산　남한
(37) (   )　　교실　온실　교장실

💡 다음 한자에 알맞은 뜻을 <보기>에서 골라 그 번호를 써 보세요.

• <보기> ① 나라　② 작다　③ 물　④ 일만　⑤ 흙　⑥ 어머니

(38) 水 (   )　　(39) 萬 (   )　　(40) 土 (   )
(41) 小 (   )　　(42) 母 (   )　　(43) 國 (   )

8급 한자 예상 문제 (5)

💡 다음 한자의 훈(뜻)과 음(소리)을 써 보세요.

(1) 敎 (   )　　(2) 生 (   )

(3) 女 (   )　　(4) 韓 (   )

(5) 二 (   )　　(6) 金 (   )

(7) 五 (   )　　(8) 軍 (   )

(9) 門 (   )　　(10) 中 (   )

💡 다음 한자어의 독음을 써 보세요.

(11) 母國 (   )　　(12) 白軍 (   )

(13) 中年 (   )　　(14) 父母 (   )

(15) 長大 (   )　　(16) 室長 (   )

(17) 靑山 (   )　　(18) 生年月日 (   )

(19) 王室 (   )　　(20) 敎室 (   )

💡 다음의 훈(뜻)과 음(소리)에 알맞은 한자를 <보기>에서 골라 그 번호를 써 보세요.

<보기>　①學　②北　③先　④白　⑤外　⑥山

(21) 흰 백 (   )　　(22) 배울 학 (   )

(23) 메 산 (   )　　(24) 북녘 북 (   )

(25) 먼저 선 (   )　　(26) 바깥 외 (   )

💡 다음 밑줄 친 글자의 뜻에 알맞은 한자를 <보기>에서 골라 그 번호를 써 보세요.

<보기> ① 人 ② 東 ③ 長 ④ 先 ⑤ 中 ⑥ 室

　어머니는 장(27)녀의 전학 때문에 동(28)대문 옆에 있는 중(29)학교에 갔습니다. 교무실(30)에서 담임 선(31)생님을 만나 인(32)사를 하였습니다.

(27) 장 (　　)　　(28) 동 (　　)　　(29) 중 (　　)
(30) 실 (　　)　　(31) 선 (　　)　　(32) 인 (　　)

💡 다음 빈칸에 알맞은 한자를 <보기>에서 골라 그 번호를 써 보세요.

<보기> ① 年 ② 門 ③ 韓 ④ 國 ⑤ 小 ⑥ 王 ⑦ 外 ⑧ 萬

(33) | 국 | 민 |
　　 | | 民 |

(34) | 외 | 국 |
　　 | | 國 |

(35) | 대 | 소 |
　　 | 大 | |

(36) | 대 | 왕 |
　　 | 大 | |

(37) | 한 | 국 |
　　 | | 國 |

(38) | 칠 | 년 |
　　 | 七 | |

(39) | 이 | 만 |
　　 | 二 | |

(40) | 교 | 문 |
　　 | 校 | |

8급 한자 예상 문제 정답

1회 p.102~103

(1)일만 만 (2)배울 학 (3)푸를 청 (4)집/실내 실
(5)백성 민 (6)먼저 선 (7)불 화 (8)어미 모
(9)일곱 칠 (10)바깥 외 (11)⑧ (12)⑥ (13)⑤
(14)② (15)③ (16)① (17)⑦ (18)⑩ (19)⑨
(20)④ (21)남대문 (22)한국인 (23)북한
(24)교장실 (25)⑤ (26)③ (27)① (28)⑥
(29)④ (30)② (31)25 (32)98 (33)16 (34)47
(35)三十六 (36)七十四 (37)四十五 (38)十八

2회 p.104~105

(1)마디 촌 (2)아우 제 (3)해 년(연) (4)나라 국
(5)메 산 (6)형/맏 형 (7)서녘 서 (8)학교 교
(9)동녘 동 (10)넉 사 (11)④ (12)② (13)⑥
(14)⑤ (15)① (16)③ (17)국토 (18)장녀
(19)대왕 (20)형제 (21)⑦ (22)⑤ (23)② (24)⑨
(25)③ (26)① (27)④ (28)⑧ (29)⑩ (30)⑥
(31)⑥ (32)⑧ (33)③ (34)① (35)② (36)⑦
(37)⑤ (38)④

3회 p.106~107

(1)북녘 북/달아날 배 (2)흰 백 (3)달 월 (4)흙 토
(5)큰 대 (6)열 십 (7)날 일 (8)임금 왕 (9)석 삼
(10)아홉 구 (11)교문 (12)학교 (13)청군
(14)화산 (15)대학교 (16)중학교 (17)교실
(18)생일 (19)육학년 (20)삼촌 (21)③ (22)④
(23)⑤ (24)① (25)② (26)⑥ (27)③ (28)⑥
(29)① (30)④ (31)⑤ (32)② (33)③ (34)①
(35)④ (36)②

4회 p.108~109

(1)한국 (2)여군 (3)국군 (4)동서 (5)외국
(6)여인 (7)왕실 (8)학생 (9)구만 (10)선생
(11)여덟 팔 (12)물 수 (13)긴/어른 장
(14)작을 소 (15)사람 인 (16)나무 목 (17)남녘 남
(18)아비 부 (19)한 일 (20)여섯 륙(육)
(21)⑤ (22)⑥ (23)② (24)③ (25)④ (26)①
(27)② (28)③ (29)③ (30)① (31)②
(32)③ (33)⑥ (34)⑤ (35)① (36)④ (37)②
(38)③ (39)④ (40)⑤ (41)② (42)⑥ (43)①

5회 p.110~111

(1)가르칠 교 (2)날 생 (3)계집 녀(여) (4)나라/
한국 한 (5)두 이 (6)쇠 금/성 김 (7)다섯 오
(8)군사 군 (9)문 문 (10)가운데 중 (11)모국
(12)백군 (13)중년 (14)부모 (15)장대 (16)실장
(17)청산 (18)생년월일 (19)왕실 (20)교실
(21)④ (22)① (23)⑥ (24)② (25)③ (26)⑤
(27)③ (28)② (29)⑤ (30)⑥ (31)④ (32)①
(33)④ (34)⑦ (35)⑤ (36)⑥ (37)③ (38)①
(39)⑧ (40)②